电子商务与农村经济发展研究

李英杰 ◎ 著

吉林出版集团股份有限公司

图书在版编目(CIP)数据

电子商务与农村经济发展研究 / 李英杰著. — 长春：吉林出版集团股份有限公司，2022.10
 ISBN 978-7-5731-2489-0

Ⅰ.①电… Ⅱ.①李… Ⅲ.①农村—电子商务—研究—中国 Ⅳ.①F724.6

中国版本图书馆CIP数据核字（2022）第206559号

电子商务与农村经济发展研究

著　　者	李英杰
责任编辑	王　平
封面设计	林　吉
开　　本	787mm×1092mm　1/16
字　　数	220千
印　　张	10.25
版　　次	2022年10月第1版
印　　次	2022年10月第1次印刷
出版发行	吉林出版集团股份有限公司
电　　话	总编办：010-63109269
	发行部：010-63109269
印　　刷	廊坊市广阳区九洲印刷厂

ISBN 978-7-5731-2489-0　　　　　　　　　　　定价：78.00元
版权所有　侵权必究

前 言

进入 21 世纪后，互联网经济发展迅速。随着城市市场的日益饱和，农村电子商务发展得风生水起。积极发展农村电子商务有利于加强互联网与农业农村融合发展和引入产业链、价值链、供应链等现代管理理念和方式。农村电子商务对农村乃至整个社会来说，无疑是一次新的机遇。

在农村电子商务的发展进程中，最具特色的当数"农村淘宝"。阿里巴巴看到了农村电商的巨大价值与潜力，在其各个平台都建立或进一步加强了涉农业务。"农村淘宝"是阿里巴巴集团的战略项目。为了服务农民、创新农业、让农村变得更美好，2014 年 10 月 13 日阿里巴巴正式启动了"千县万村发展计划"，目前已经对其投资上百亿元，从县、镇、村三个层面建设、发展"农村淘宝"。阿里巴巴计划建立 1000 个县级运营中心和 10 万个村级服务站。阿里巴巴宣称此计划目的在于解决农产品难买和难卖的问题，在让网货下乡的同时也让农产品进城，从而打造一个双向流通机制。

然而，农村经济的发展主要受到信息传播能力的限制，这导致许多农产品品质优良的乡镇无法发挥当地优势，提高当地经济建设水平。随着科技的发展，电子商务经营模式横空出世，在一定程度上解决了农村经济信息传播能力受阻问题。《电子商务营销与农村经济发展研究》一书从市场营销、网络营销研究、电子商务营销、发展农村电子商务的优势及目前农村电子商务的发展现状出发，研究并探讨了电子商务助推农村经济发展的有效途径。

目录

第一章 产品营销策略 1
 第一节 整体产品理论研究 1
 第二节 组合产品营销策略 7
 第三节 产品价格策略 12

第二章 网络营销研究 27
 第一节 网络营销的概述 27
 第二节 网络营销的策略 35
 第三节 网络营销的推广 42

第三章 电子商务总论 53
 第一节 电子商务的基本概述 53
 第二节 电子商务的产生与发展 62
 第三节 电子商务对社会的影响 68

第四章 电子支付与电子商务安全 76
 第一节 电子支付研究 76
 第二节 电子商务安全防范 87
 第三节 电子商务法律保障 94

第五章 农村电子商务总论 100
 第一节 农村电子商务的概述 100
 第二节 我国农村电子商务发展的模式 109
 第三节 我国农村电子商务发展的价值 115

第六章 农村电子商务的发展 120
 第一节 农业电子商务发展的经验与启示 120
 第二节 我国农村电子商务发展的问题 128

第三节　我国农村电子商务发展的策略 ················ 136

第七章　电子商务助推农村经济发展的有效途径 ············ 145

　　第一节　电子商务是农村产业转型升级的新引擎 ········ 145

　　第二节　电子商务发展趋势下我国农村经济发展策略 ···· 150

参考文献 ·· 155

后记 ·· 157

第一章　产品营销策略

企业营销的根本任务是满足顾客潜在的和现实的需求，而顾客需求的满足需要依靠提供适合的产品来实现。没有产品其价格、分销和促销便会因为没有标的物而无法进行，因此，在企业的营销过程中，产品成为最主要、决定性的因素。

第一节　整体产品理论研究

在进行产品营销之前，首先应该对整体产品概念有一个认识，了解产品分类以及营销理论，如此才能制定正确的产品营销策略，为企业产品营销活动的开展提供强而有力的保障。

一、整体产品的概述

（一）整体产品的概念

什么是产品？一般人们的理解为：产品是人类通过劳动创造出来的，具有特定的物质形态和具体用途的劳动生产物。例如房屋、汽车、服装，当人们说到这些东西时，自然而然会联想起某种物质。也就是说，它是企业生产出来的东西，能提供给人们某种用途的物质实体。这是产品的狭义概念，是一个从企业角度、从传统意义上对产品的定义，它强调产品的物质属性。

在现代市场营销中，产品被归结为人们通过交换而获得的需求上的满足，归结为消费者或用户预期的实际利益。因为从消费者角度看，他们购买产品的目的是满足自己的需要，而并非占有某种物质实体。西方市场学者西奥多·莱维特曾经很形象地说："采购员购买的并非1/4英寸的钻头，而是1/4英寸的孔。"市场营销人员的任务就是要揭示隐藏在每一个产品内的各种需求，使企业所提供的产品利益能够最大限度地满足顾客的需求。因此，企业的产品是一个整体概念，可以归纳为：企业向市场提供的能够满足顾客某种需求和利益的物质形态和非物质形态。这就是说，所有能够满足顾客需求的方面：物质的实体、服务、意识（如价值观念）或三者的统一，都是产品。物质形态即有形产品，主要包括产品实体及其品质、风格、造型、品牌；非物质形态即意识、无形服务等，它包括可以给买主带来附加利益和心理上的满足感及信任感的售后服务、保证、产品形象、销售者的声誉等。

（二）产品的层次

1. 核心产品

核心产品也叫实质产品，是指产品能给购买者带来的基本利益和效用，即产品的使用价值，是构成产品本质的核心部分。例如，房屋的核心是为了居住，食物的核心是营养。顾客购买某种产品的目的并不是获得产品的本身，而是通过对产品的消费来满足某种核心利益的需要。顾客是为了获得产品的使用价值而买，但同一产品使用价值并非单一。一般来说，产品的使用价值有原始的使用价值和派生的使用价值之分，如房屋原始使用价值就是为了居住，派生的使用价值就有很多，如身份的象征、成功的标志、财富的显示、货币的保值和投资的增值等。顾客对同一产品使用价值的偏好也不尽相同，往往是在保证原使用价值的同时，还会关注某一或多个派生的使用价值。在企业设计和开发产品时，要充分了解顾客对产品购买的真正的核心利益需要，特别是隐性的派生使用价值的潜在需要，努力使产品核心利益满足顾客购买需要，并使其满意。否则，产品就不可能受到市场的欢迎。

2. 形式产品

形式产品是产品的第二个层次，是指产品的具体形态，通过产品的外观、质量、特色、包装和品牌等特征表现出来。产品设计者必须将核心产品转变为形式产品，才能使顾客得到产品所带来的核心利益。可以说，形式产品是核心产品的物质载体，也是产品的表现形式。产品的基本效用必须通过形式产品有效地实现，才能更好地满足顾客的需要，一方面，同一核心产品内容的形式产品多式多样，如具有彰显个性的服装，可以通过不同的品牌、款式、色彩、型号等形式产品去承载，使市场变得多姿多彩；另一方面，形式产品的呈现是顾客识别产品、选购商品的直观依据。因此，企业的形式产品设计和开发有两个极其重要的任务：一是形式产品开发一定要符合其核心产品的需要，换言之，形式产品要能够有效、很好地表现核心产品的功能效用和价值；二是形式产品要能够有效地促进客户识别产品、购买产品。

3. 附加产品

附加产品，也称为延伸产品，是产品的第三个层次，是指顾客购买产品所得到的附件利益的总和，如质量保证、信息服务、送货上门、免费安装、使用培训等。附加产品能带给顾客更多的利益和更大的满足，它指消费者购买产品时所能得到的附加服务和附加利益的总和。例如购买计算机产品，获得的不仅是计算机本身，即主机、显示器、音响设备等硬件，而且还能得到使用说明书、软件系统、安装调试、维修服务以及保证等。附加产品不是可有可无的，而是产品整体概念中不可或缺的重要组成部分。一方面是因为顾客购买的目的是满足某种需要，他们希望得到与满足这一需要有关的一切，企业要通过附加产品保障核心产品的使用价值，同时为客户提供一些附加的、额外的利益；另一方面也是企业赢得顾客、赢得竞争、赢得市场的利器。

4. 潜在产品

潜在产品指的是在现有产品的基础上，以人们的期望、市场的需要以及技术的革新所产生的新产品的趋势。换句话说，每一个可以更新换代的产品本身，就承载着所谓繁衍下一代的使命，在每一个产品的整体概念中，都涵盖了其未来发展的趋势。我们从 iPhone 4s 的使用中看到了我们对于更高的像素、更大的屏幕以及更快的处理器的需求，我们可以认为 iPhone 4s 的身上承载了下一代 iPhone 的雏形，而正因为如此，后来的 iPhone 5 才将 iPhone 4s 的潜在期望雏形发展成了实实在在的下一代产品，包括后来的 iPhone 6 也是一个道理。我们身边充满了新的需要和产品的演变，企业要学会在既有产品的身上找到潜在产品的影子，从而寻求满足市场的新花样。

5. 心理产品

心理产品是指产品的外观审美、质量口碑、品牌形象等为顾客带来的心理上的慰藉和满足。当消费者购买某个产品的同时，由于其信得过的质量而获得心理上的安全感，由于其时尚的外观而获得审美上的愉悦感和满足，以及由于其强有力的口碑和令人推崇的品牌而获得让人愉悦的虚荣心。产品的消费是生理和心理的双重消费，当今社会，人们对于产品给予的心理慰藉越来越看重，所以心理产品也是产品整体的一部分。

产品整体的几个层次，十分清晰地体现了以顾客为中心的现代营销观念，它对企业的营销活动具有多方面的意义。首先，它向企业昭示，明确顾客所追求的核心利益十分重要。女性购买化妆品，并非为了占有口红、粉底霜、眉笔之类的具体物品，而是体现了一种爱美的愿望。企业如果不明白这一点，就不可能真正满足顾客需求，企业也不可能获得成功。其次，企业必须特别重视产品的无形方面，包括产品形象、服务等。随着社会经济的发展和人民收入水平的提高，顾客对产品非功能性利益越来越重视，在很多情况下甚至超越了对功能性利益的关注。由此要求企业摆脱传统产品概念，重视产品非功能性利益的开发，更好地满足顾客的需求。最后，企业在产品上的竞争可以从多个层次上展开，对于成熟产品，由于其功能、品质上极为接近，难以制造大的差异，是否意味着企业只能在价格上相互厮杀呢？产品整体概念的提出，给企业带来了新的竞争思路，那就是可以通过在款式、包装、品牌、售后服务等各个方面创造差异来确立市场地位和赢得竞争优势。

（三）整体产品的分类

1. 按产品形态划分

按照产品的形态，可以将产品整体分为有形产品和无形产品两类。

第一，有形产品。人们对产品的理解通常局限于具体的、能提供某种实际用途的物质实体，比如茶杯、食物、汽车等，这是传统的、狭义的产品概念，指的是"有形产品"。

第二，无形产品（服务）。所谓服务是指能够满足消费者的某种需求，给消费者带来便利、好处、满足感的各种活动，如美容美发、交通运输、金融服务、会计服务、律师服务等。服务具有无形性，生产、销售和消费的不可分离性，产品质量的可变性和不可储存性等特点。因而这类产品的营销需要有更好的质量控制、更有效的促销推广和更适用的平衡供求矛盾的措施。

2.按产品用途划分

根据产品的用途,可以将产品分为消费品与工业品两类。

第一,消费品。消费品根据消费者自身的消费习惯,又可以分为四大类。

其一,便利品。便利品是指消费者购买频繁,同时在购买欲望产生时希望能即刻买到的产品。在便利品的消费上,顾客只会愿意花少量的时间和精力去比对各个商品的品牌和价格。街头巷尾的小店和城市街角的便利店以及加油站、车站的小卖部都是便利品最常出现的地方,消费者可以方便快捷地购买到自己想要的便利品。我们在考量便利品时还有两个重要的问题:首先,便利品往往都是非耐用品,其中绝大多数都是消耗品,而且多为消费者日常生活中的必需品;其次,消费者不是不去比较品牌和价格,而是便利品的品牌、价格、质量、销售地点往往都被人们所熟知,没有必要再花精力和时间去进行比较。

其二,选购品。选购品是指消费者在购买过程中,为了挑选最适当的商品,往往会去多家零售店了解并比较商品的价格、式样、质量、服务等,才能做出购买决定的产品,比如服装、电器、代步工具、家具等。选购品对于消费者而言需要花更多的时间和精力去挑选,短时间内消费者往往难以下决定,不过选购品很多都是耐用品,不需要经常购买。

其三,特殊品。特殊品是指具备独有特征或品牌标记的产品。消费者在购买时能够识别哪些品牌的商品是他们特定需要的,消费者在购买前对于特殊品的品牌、特点、质量等有着充分的认识,并且愿意做出特殊的购买努力,如海外代购、前往专营店抢购等。值得注意的是,消费者往往只愿意购买特定品牌的某些产品,从而屏蔽其他品牌的产品。常见的特殊品有名牌奢侈品、特殊品牌的服装、名牌西服等。

其四,非渴求品。非渴求品是指消费者不了解的产品,或者即便了解也不会有购买兴趣的产品。传统的非渴求品有百科全书、人寿保险等,新产品上市初期由于人们的不了解有时也会遇到消费冷淡的现象。所以,对于非渴求品,企业营销人员往往需要进行大力度的营销工作千方百计地吸引潜在的消费者,从而扩大销售。

第二,产业用品。各类产业组织需要购买各种各样的产品和服务。可以把产业用品分成三类:材料和部件、资本项目以及供应品与产品。

其一,材料和部件。其指完全转化为制造商产成品的一类产品,主要包括原材料、半制成品和部件等。如农产品、构成材料(铁、箔)和构成部件(马达、轮胎)。上述产品的销售方式有所差异。农产品需要进行集中、分级、储存、运输和销售服务,其易腐性和季节性的特点,决定了要采取特殊的营销措施。构成材料与构成部件通常具有标准化的性质,意味着价格和供应商的可信性是影响购买的最重要因素。

其二,资本项目。其指部分进入产成品中的商品,主要包括两个部分:装备和附属。装备包括建筑物(如厂房)与固定设备(如发电机、电梯)。该产品销售特点是售前需要经过长时期的谈判;制造商需使用一流的销售队伍;设计各种规格的产品和提供售后服务。附属设备包括轻型制造设备和工具以及办公设备。这种设备不会成为最终产品的组成部分。它们在生产过程中仅仅起辅助作用。这一市场的地理位置分散、用户众多、订购数量少。质量、特色、价格和服务是用户选择中间商时所要考虑的主要因素,促销员推销比广告重要得多。

其三，供应品和服务。指不构成最终产品的那类项目，比如打字纸、铅笔等。供应品相当于工业领域内的方便品，顾客人数众多、区域分散且产品单价低，一般都是通过中间商销售。由于供应品的标准化，顾客对它无强烈的品牌偏爱，价格因素和服务就成了影响购买的重要因素。商业服务包括维修或修理服务和商业咨询服务，维修或修理服务通常以签订合同的形式提供。

二、整体产品论引发的观念革新

（一）顾客至上观念的真谛

在产品的四个组成部分中，产品实体、产品形体、产品概念、产品外延这四个部分都很明显地带有消费者意志的烙印，都是以消费者的各种需求为中心开发和生产的。产品的款式、包装等形体因素必须是消费者认为悦目的、便于认识的。即便是企业老板的审美观与其发生冲突，也不得不保留意见。产品概念实际上是消费者的心理预期。企业的一些美好愿望只能在消费者的心理预期得到满足的过程中实现。至于产品外延部分的设计，更是取悦消费者的手段。而看似相对稳定的产品实体部分其实也受消费者左右。比如饮料生产企业，其产品的配料、口味仅得到专家的认可未必万事大吉，关键要看是否迎合了消费者的口味。总之，在产品每个部分的开发生产过程中，消费者是最权威的检验员，"顾客是上帝"的理念左右着生产者和经营者的基本行为。而没有整体产品意识则很难对此有一个全面深刻的认识。可以说，整体产品论使"顾客至上"等类似的标语从墙上走进了企业经营者心中，并变成了实际行动。

日本花王是一家生产洗涤用品的国际知名大公司，它特别重视对顾客需求的研究，不断开发新产品，开拓新市场。日本人喜欢沐浴，特别钟爱温泉。已经进入成熟期、竞争激烈的洗浴用品市场，花王并没有盲目投入，而是先进行了市场调查。结果，根据日本人的生活需要、生活习惯，花王公司有针对性地开发出了新产品——一种类似汽水瓶盖大小的沐浴香片，在浴缸里丢两块沐浴香片就有温泉的效果。该产品一经推出市场，马上就获得了成功。

（二）产品开发观念的变革

以一个饮料公司的新产品开发为例，这家公司的技术人员研制了一种新配方，且不说其口味是否能被消费者认可，但从整体产品的角度来看，仅仅是开发了产品实体部分，即产品的四分之一。假如企业认为仅仅再给它设计一种高档的包装就可以上市的话，那无疑是拿着半个产品去和别人完整的产品竞争。新产品的开发是新产品四个部分的开发，由于这四个部分是相互关联的，所以又必须同步进行。也就是说，在整体产品论指导下的产品开发必须是一种"并行开发模式"，这一模式既保证了产品的完整性，又保证了开发的速度。比如要开发一种专供现代茶楼使用的茶具，首先要确定适应茶楼文化和主题消费者心理预期的一种概念，然后根据产品概念进行用料和工艺的选择，即开发产品实体；茶具的造型和花饰，即产品的形体设计也必须符合既定的产品概念；这种专用茶具还应便于销售人员携带和展示（产品形体）。由此可见，一个简单的茶具开发也应由多个部门互相联动，同步完成。

（三）产品竞争观念的突破

产品四个组成部分的准确划分使我们明确了产品所处的竞争层次，便于考察自己产品的相对竞争优势和劣势。从市场发展来看，产品的竞争必须是整体产品的竞争，但在竞争中，每种竞争产品的某一部分也许占有相对优势。并且，在产品成长过程和市场竞争过程中，如果产品尚未上升到整体竞争阶段，则不必将产品的四个部分同时推向市场，可以保留一两个"撒手锏"，伺机待发，使之有效地处于竞争优势。如果产品市场销售不利，则要将整体产品分解，检查哪一部分存在问题，及时弥补。整体产品论能够提高产品诊断速度和准确率，从而使之在市场上占有先机。

经过几十年的反复较量，麦当劳和肯德基这两家洋快餐已经在中国站稳了脚跟。尽管一批又一批的中式快餐发起猛烈的进攻，但结果并不理想。究其原因，是"完整产品"竞争差距过大。也许中式快餐的"核心产品"比洋快餐更适合中国人的胃口，但由于不了解与洋快餐的竞争优势，所以必然会失败。首先，麦当劳和肯德基对餐厅的环境、服务水平有一套严格的标准。其次，它们对食品也有着严格的质量规定，包括汉堡的厚度、薯条的长度、可乐的温度等，还有其点餐的速度也是国内的快餐望尘莫及的。

（四）品牌竞争观念的完善

品牌是卖者为自己的产品规定的商业名称。当用整体产品论来审视品牌的时候，发现这种说法可能已经不够完善了。我们认为，产品由四部分组成，在产品竞争的不同阶段，品牌的含义是不同的。在产品实体竞争阶段，消费者的品牌意识淡薄，企业也不重视品牌，虽然有的企业为产品起了名字，但这时的品牌仅代表着产品实体，从技术上而言，产品实体是最易同质化的产品部分。因而，那时的品牌最多是质量或用料的象征。当产品竞争发展升级到产品概念竞争时，品牌又成了概念的代言人。在产品竞争的最高阶段——整体竞争阶段，品牌的核心是产品概念的认同。品牌的灵魂是特色，失去特色内涵的品牌将很快消亡。所以在产品竞争阶段中，品牌总是产品中最具有特色优势的那一部分的名字，而产品概念部分又是产品极力避免同质化的部分。所以竞争性产品的品牌肯定是产品概念的名字："健力宝"三个字没有一点饮料的影子，而是"运动型"这一产品概念的另一说法。品牌竞争的过程，实际上是整体产品组成部分中的某一部分的竞争，而最终势必发展为产品概念的竞争。

第二节　组合产品营销策略

不同的产品有着不同的顾客群，同一顾客群对同一产品也有需要差异。企业要想争取更大的市场，就必须进行产品组合。在现代社会化大生产和市场经济条件下，很少有企业只生产单一产品，大多数企业进行产品组合，以满足消费者的不同需求。

一、产品组合的相关概念

（一）产品线、产品项目及产品组合

1. 产品线

产品线，又称为产品大类，是指与生产原理、技术以及产品功能结构等方面密切相关的产品，同时具备一致的产品功能，满足消费者同一类型需求的一系列产品。同一产品线上的产品虽然功能雷同，但在产品规格、包装、品质、价格等方面仍具备较大差异。例如卡夫公司的饼干产品线就包含了奥利奥、优冠等多个不同特色的产品；宝洁的洗发水产品线则包含了海飞丝、飘柔等多个不同品牌、不同特色的洗发水产品。当然，一个企业可以经营一条或多条产品线。

2. 产品项目

产品项目，又称产品品目，就是列入产品销售目录的产品名称。产品线上每一个都具有特定型号、规格、品牌等属性的产品就是一个单独的产品项目。

3. 产品组合

产品组合，是指一个企业全部的产品线、产品项目的组合方式，也就是企业的产品组织结构。

（二）产品组合的宽度、长度、深度与关联度

1. 产品组合的宽度

产品组合的宽度又称产品组合的广度，是指企业生产经营的产品线的数量。大中型的多元化经营的企业集团生产与经营的产品品类较多，产品组合的广度较大；专业化企业和专营性商店生产与经营的产品品类较少，产品组合的广度较小。

2. 产品组合的长度

产品组合的长度是指企业生产经营的全部产品线中所包含的产品项目总数，即产品线的总长度。表1-1所示的产品项目总数是18，这就是产品线的总长度。每条产品线的平均

长度,即企业全部产品项目数除以全部产品线包含的项目总数所得的商,在表1-1中的平均长度是4.5(18/4),说明平均每条产品线有4.5个品牌的商品。企业产品的项目总数越多,产品线就越长,反之则越短。

表1-1 某百货公司产品组合

产品组合的长度	产品组合的宽度			
	服装	皮鞋	帽子	针织品
	男西装	男凉鞋	鸭舌帽	卫生衣
	女西装	女凉鞋	制服帽	卫生裤
	男休闲装	男皮鞋	礼帽	汗衫背心
	女休闲装	女皮鞋	女帽	
	风雨衣		童帽	
	儿童服装			

3. 产品组合的深度

产品组合的深度是指在企业生产经营的每条产品线中,每种产品品牌所包含的产品项目的数量。一个企业每条产品线中所包含的产品品牌数往往各不相等,每一产品品牌下又有不同的品种、规格、型号、花色的产品项目。例如百货公司的休闲装有9种规格,那么它的深度就是9。虽然专业商经营的产品种类较少,但同一产品种类中规格、品种、花色、款式较为齐全,产品组合的深度较深。

4. 产品组合的关联度

产品组合的关联度又称产品组合的密度或相关性,是指企业生产和经营的各条产品线的产品在最终用途、生产条件、销售渠道及其他方面相互联系的密切程度。表1-1中某百货公司的四条产品线都是人们的穿着用品,产品的最终用途相同,可以通过相同的分销渠道销售,其关联度较为密切。

综上所述,企业产品组合的广度、长度、深度和关联度不同,就构成不同的产品组合。分析企业产品组合,具体而言就是分析产品组合的广度、长度、深度及关联度的现状、相互结合运作及发展态势。在一般情况下,提高产品组合的广度有利于拓展企业的生产和经营范围,有助于扩大市场覆盖面;加强产品组合的深度,在同一产品线上增加更多花色、品种、规格、型号、款式的产品,可以使企业产品更加丰富多彩,满足更广泛的市场需求,增强行业竞争力;加强产品组合的相关性,可以强化企业各条产品线之间的相互支持,协同满足消费者,有利于资源共享,降低成本,可以使企业在某一特定的市场领域内增强竞争力和市场地位,赢得良好的企业声誉。

二、优化产品组合的分析

产品组合状况直接关系到企业销售额和利润水平,企业必须对现行产品组合做出系统的分析和评价,并决定是否加强或剔除某些产品线或产品项目。优化产品组合的过程,通常是分析、评价和调整现行产品组合的过程。优化产品组合包括两个重要步骤:

（一）产品线销售额和利润分析

产品线销售额和利润分析主要是指分析、评价现行产品线上不同产品项目所提供的销售额和利润水平。图1-2是一条拥有五个产品项目的产品线。根据图1-2所示，第一个产品项目的销售额和利润额分别占整个产品线销售额和利润的50%、40%，第二个产品项目的销售额和利润均占整个产品线销售额和利润的30%。如果这两个项目突然受到竞争者的打击或市场疲软，产品线的销售额和利润就会迅速下降。因此，在一条产品线上，如果销售额和盈利高度集中在少数产品项目上，则意味着产品线比较脆弱。为此，公司必须细心地加以保护，并努力发展具有良好前景的产品项目。最后一个产品项目只占整个产品线销售额与利润的5%，如果没有发展前景，可以剔除。

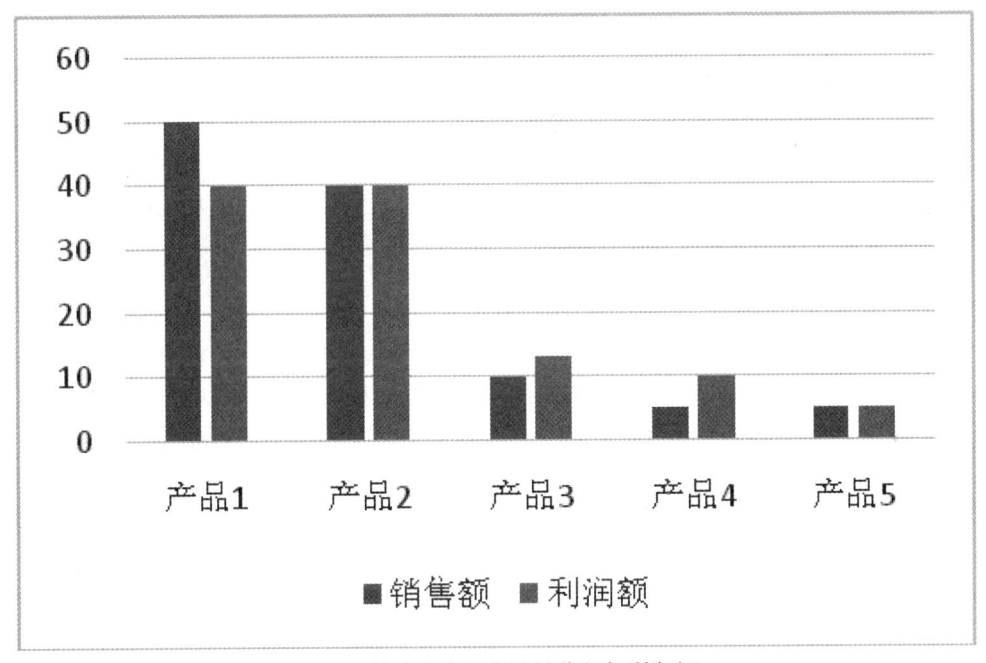

图1-2 某企业产品线的销售额与利润额

（二）产品市场地位分析

产品项目市场地位分析是指将产品线中各产品项目与竞争者的同类产品作对比分析。全面衡量各产品项目的市场地位。

例如：A家具公司的一条产品线是沙发，顾客对沙发最重视的两个属性是价格和功能。价格分为高、中、低三个档次；功能分为单功能（只能坐）、双功能（既能坐也能睡）、多功能（坐、睡和代替箱子）。A公司有B、C两个竞争者，B公司生产两种沙发：高、中档的单功能沙发；C公司也生产两种沙发；低档的双功能和三功能沙发。A公司根据市场竞争情况权衡利弊。决定生产三种沙发：高档的双功能沙发、中档的双功能和三功能沙发，因为这三个市场位置没有竞争者。从图1-3可以看出，仍有两个市场空白点，各公司没有生产的原因，可能是目前生产这种沙发的费用太高或需求不足，或经济上暂无可行性等。

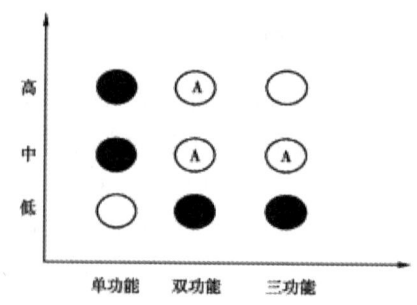

图 1-3 产品市场地位示意图

三、产品组合的类型与策略

（一）产品组合的类型

产品组合从广度、深度、相关性而言都具备多样化的选择，我们不能武断地说哪一种选择更有利。所以，企业应当立足于自身的实际发展，全面地考虑市场的需求、竞争态势等因素，合理地选择适当的产品组合类型。

1. 全线全面型组合

全线全面型组合，即企业生产经营多条产品线，每一条产品线中又有多个产品项目，产品项目的宽度和深度都较大。该策略的特点是力争向尽可能多的顾客提供他们所需要的多种产品，满足他们尽可能多的需求，以此占领较为广阔的市场。只有规模巨大、实力雄厚、资源丰富的企业才能做到。如美国宝洁公司就有洗涤剂、牙膏、洗发水、香皂、除臭剂、润肤液、婴儿尿布和饮料等多条产品线，都是日常生活用品，并且各条产品线之间的关联度较强。

2. 单一产品型组合

单一产品组合，即企业只生产一种或数量有限的几个产品项目，以适应和满足单一的市场需求。这一组合策略的特点是产品线简化，生产过程单纯，能大批量生产，有利于提高劳动效率，降低成本；技术上也便于精益求精，有利于提高产品质量和档次。但是，由于生产经营的产品单一，企业对产品的依赖性太强，因而对市场需求的适应性差，风险较大。

3. 市场专业型组合

市场专业型组合，即企业以某一特定市场为目标市场，为该市场的消费者群体提供多条产品线和多个产品项目，以满足他们多方面的需求。这种组合策略的特点是宽度和深度大而关联度较小，并且能全面了解本企业目标顾客的各类需求，以全面牢固地占领本企业目标市场为目的。这种组合策略仍是规模较大的企业才适合，如金利来主要专门为成功的男士生产西服、领带、皮具、领带夹、香水等用品。

4. 产品系列专业型组合

产品系列专业型组合，即企业生产相互之间关联度较强的少数几条产品线中的几个产品项目，以满足不同消费者对这几类产品的差异需求。这种组合策略的特点是宽度和深度小，而关联度密切，产品的技术要求接近，生产专业化程度高，有利于延伸技术优势提高生产率。如科龙公司一直致力于制冷产品的生产，只拥有空调、冰箱等少数几条产品线，每一条产品线的产品项目也较为有限，而生产量较大。

5. 产品系列集中型组合

产品系列集中型组合，即企业集中各种资源，生产单一产品线中的几个产品项目，以便更有效地满足某一部分消费者对这一类产品的需求。该组合策略的特点是宽度最小、深度略大而关联度密切，且产品和目标市场都比较集中，有利于企业更好地占领市场。这是中小型企业经常采用的组合策略。如格兰仕集团在创业初期只生产微波炉这一大类产品，其花色、品种也比较有限。

6. 特殊产品专业型组合

即企业凭借自己所拥有的特殊技术和生产条件，生产能满足某些特殊需求的产品。这一组合策略的特点是宽度、深度、长度都小，目标顾客具有特殊需求，生产的针对性、目标性都很强。很多情况下是根据顾客特殊的个性化需求定制产品的。如某企业专门生产残疾人使用的假肢、轮椅、康复器械等。

（二）产品组合的策略

根据产品组合的四种尺度，企业可以采取四种方法发展业务组合：开拓产品组合的宽度，扩展企业的经营领域，实行多样化经营，分散企业投资风险；增加产品组合的长度，使产品线丰满充裕，成为更全面的产品线公司；加强产品组合的深度，占领同类产品的更多细分市场，满足更广泛的市场需求，增强行业竞争力；加强产品组合的关联度，使企业在某一特定的市场领域内加强竞争和赢得良好的声誉。因此，产品组合决策就是企业根据市场需求、竞争形势和企业自身能力对产品组合的宽度、长度、深度和关联度方面做出的决策。

1. 扩大产品组合

扩大产品组合包括开拓产品组合的宽度和加强产品组合的深度，前者指在原产品组合中增加产品线，扩大经营范围；后者指在原有产品线内增加新的产品项目。当企业预测现有产品线的销售额和盈利率在未来可能下降时，就应该考虑在现有产品组合中增加新的产品线，或加强其中有发展潜力的产品线。

2. 缩减产品组合

市场繁荣时期，较长较宽的产品组合会为企业带来更多的盈利机会。但是在市场不景气或原料、能源供应紧张时期，缩减产品线反而能使总利润上升，因为剔除那些获利小甚至亏损的产品线和产品项目，企业可集中力量发展获利多的产品线和产品项目。

3. 产品延伸策略

每一企业的产品都有特定的市场定位，如美国的"林肯"牌汽车定位在高档市场，"雪佛兰"牌定位在中档汽车市场,而"斑马"则定位于低档车市场。产品线延伸策略指全部或部分地改变原有产品的市场定位,具体有向下延伸、向上延伸和双向延伸三种实现方式。

第一,向下延伸。向下延伸是在高档产品线中增加低档产品项目。实行这一决策需要具备以下市场条件:利用高档名牌产品的声誉,吸引购买力水平较低的顾客慕名购买此产品线中的廉价产品;高档产品销售增长缓慢,企业的资源设备没有得到充分利用,为吸引更多的顾客,将产品线向下延伸;企业最初进入高档产品市场的目的是建立品牌信誉,然后再进入中、低档市场,以提高市场占有率和销售增长率;补充企业的产品线空白。实行这种策略也有一定的风险,如果处理不慎,将会影响企业原有产品特别是名牌产品的市场形象,还必须辅之以一套相应的营销组合策略,如对销售系统的重新设置等。所有这些策略将大大增加企业的营销费用开支。

第二,向上延伸。向上延伸是在原有的产品线内增加高档产品项目。这种策略适用于高档产品市场具有较大的潜在成长率和较高利润率的吸引;企业的技术设备和营销能力已具备加入高档产品市场的条件;企业要重新进行产品线定位。采用这一策略也要承担一定的风险,要改变产品在顾客心目中的地位是相当困难的,如果处理不慎,还会影响原有产品的市场声誉。

第三,双向延伸。双向延伸指的是原定位于中档产品市场的企业掌握市场优势以后,向产品线的上下两个方向延伸。

4. 产品线现代化决策

产品线现代化决策是强调把现代科学技术应用于生产经营过程,并不断改进产品线使之符合现代顾客需求的发展潮流。如果产品组合的广度、深度和长度都很适宜,但是生产方式已经落后或者产品跟不上现代顾客需求的潮流,就会影响企业生产和市场营销效率,就必须实施产品线现代化决策。比如我国一些纺织企业为了迎接 WTO 给国内纺织企业带来的国际市场机会,在设备更新改造方面进行了大量的投资,从而增强了我国纺织企业在国际纺织品市场的竞争能力,大大提高了纺织品的出口创汇水平。

当企业决定实施产品线现代化决策时,面临的主要问题是:以渐进方式还是以快速方式实现产品线的技术改造?逐步实现产品线现代化可以节省资金,但也容易被竞争者发现和模仿;快速实现产品线现代化,可以快速产生市场效果,并对竞争者构成威胁,但需要在较短的时间内投入大量的资金。

第三节 产品价格策略

价格策略是企业营销组合的重要因素之一,它直接关系着市场对产品的接受程度,影响着市场需求和企业利润的多少,涉及生产者、经营者、消费者等各方面的利益。因此,产品的定价是企业市场营销组合策略中一个极其重要的组成部分。

一、价格的概述

（一）价格的概念

从经济学的观点来看，价格是严肃的，是商品价值的货币表现形式，是不可随意变动的。价格总是与利润的实现联系在一起的，即价格＝总成本＋利润，因此，从经济学角度来说，定价是一门科学。

从市场营销学的观点来看，价格是活泼的，是可以随时随地根据需要变动的。定价对整个市场的变化可以也应当做出反应，可变可不变。价格必须根据消费者能否接受为出发点。价格是决定企业盈利的重要因素，但绝不是唯一的决定性因素。经济学着重研究产品的理论价格，它通常把各种具体的市场现象进行抽象；市场营销学研究的价格则是在产品理论价格的基础上，从企业角度，结合不断变化的市场情况，着重研究产品进入市场、占领市场、开拓市场的一种具体应变价格。企业定价是为了促进销售，获取利润，因此企业在定价时，既要考虑成本的补偿，又要考虑消费者对价格的接受能力，从而使定价具有买卖双方决策的特征。正因为如此，定价不仅是一门科学，而且还是一门艺术，企业应研究定价的技巧和策略，发挥市场价格的杠杆作用，但一定不能违反客观经济规律。

（二）价格的功能

1. 价格具有衡量产品价值的功能

第一，价格是产品价值的货币表现形式。众所周知，价格是随着价值的大小变化而变化，价值的大小取决于生产这种产品的社会必要劳动时间，产品的价值取决于国际社会必要劳动时间，这种时间花费得越多，价值也就越大，价格也就越高；反之价值就越小，价格也就越便宜。譬如说同一产品花费的劳动时间较多，故价格也相应地高一些，随着生产效率的提高，到了增长期或成熟期，花费的必要劳动时间相对减少，价格也相对地低一些。而在实际交易过程中，买方无法准确地把握产品的价值的大小、性能的优劣、功能的好坏，因此他常常借助于价格去增强自己的判断。一般来说，质量越好、适用性越强，价格也就越高，所以顾客在长期的购买的感知、思维和体验过程中，都自觉或不自觉地把价格同价值、品质和效用联系起来。

第二，价格是顾客了解产品的重要途径。顾客认识产品的一个重要途径，便是价格。俗话说的"一分钱一分货""好货不便宜""便宜无好货"，就是这种心理的具体反映。换句话说，价格能帮助顾客认识产品的价值和使用价值。在现代激烈竞争的市场上，由于科技革命和科技进步，产品的生产能力不断提高，产品的种类也日益增多，产品的生命周期也越来越短，新产品和各种代用品也大量上市，使得一般消费者难以了解、认识产品的社会价值，加之消费者一般表现为非专家购买，不太内行，因此就不能根据价值去推算价格，而往往通过价格去帮助他认识产品的内在价值和使用价值。

2. 价格具有满足顾客欲望的心理功能

第一，顾客的自拟价格意识。产品价格不仅具有认识产品价格的心理功能，还具有反映顾客的价格意识，满足人们社会价值欲望的功能。自拟价格意识是顾客从习惯或经验或产品的某个特征或功能出发，在心理形成上该产品值多少钱，并作为判断昂贵、便宜、合适与否的自我意识标准。在一般情况下，消费者意识到价格贵而又无法忍受时，便压制需求而持币待购；当意识到太便宜时，又会认为"不是好货"，不到万不得已，不会采取购买行动。只有当实际售价与消费者的价格意识基本相符或相差无几时，消费者才乐意购买。由此可见，研究顾客的自我价格意识非常重要。

第二，顾客价格的比拟意识。顾客不仅有价格意识，而且还与其愿望情感、兴趣、爱好、性格等个性特征相联系，反映出种种心理状态，例如时尚心理、好奇心理、好胜心理、求新心理、求美心理、求廉心理等。为此，消费者的价格意识不仅是某产品值多少钱，而且还反映他应购买、消费某价格档次的产品，以显示其社会地位，炫耀其事业成功，表明其经济收入，反映其文化素养，体现其生活情操，满足其心理欲求。这也说明，产品的价格具有一种社会政治地位、经济地位和文化素养的比拟作用。这种比拟有时是无意识进行的，有时是有意识进行的，但共同点都是从社会生活出发，重视价格的社会价值意义。

3. 价格具有调节供求矛盾的心理功能

市场上的价格运动虽然异彩纷呈，有时也表现为光怪陆离，但仍有一定的规律可循。研究发现，价格的变动与需求的变动是互动的。在其他条件不变的情况下，当某种产品涨价时，消费者的需求量会减少；反之需求量则增加，就如马克思所说："需求按照价格相反方向运动，如果价格跌落，需求就增加，相反价格提高，需求就减少。"

价格对需求量的大小，受产品的需求弹性的影响。不同的产品需求弹性是不同的。生活必需品，需求弹性小；非生活必需品，需求弹性大。不同需求弹性的产品，对价格十分敏感，价格降低会刺激需求的急剧膨胀，价格上涨，会抑制需求的迅速增长；无弹性需求的产品，对价格反应相对迟钝一些，即使便宜也不会多买，就算是昂贵也不能不买。

（三）营销定价的因素

1. 定价目标

任何企业制定价格，都必须按照企业的目标市场战略及市场定位战略的要求来进行。定价所要考虑的因素较多，定价目标也多种多样，不同企业可能有不同的定价目标，同一企业在不同时期也可能有不同的定价目标，企业应权衡各个目标的依据和利弊，慎重选择。企业定价目标主要有以下四种：

第一，维持生存。如果企业产量过剩，或面临激烈竞争，或试图改变消费者需求，则需要把维持生存作为主要目标。为了确保工厂继续开工和使存货出手，企业必须制定较低的价格，并希望市场是价格敏感型的。利润比起生存来要次要得多。许多企业通过大规模的价格折扣来保持企业活力。只要其销售收入能弥补可变成本和一些固定成本，企业的生存便可得以维持。一般来说，只有在社会产能大量过剩，竞争十分激烈的情况下，企业才会选择这一定价目标。

第二，当期利润最大化。当企业的产品在市场上处于绝对有利地位时，企业总是希望制定一个能使当期利润最大化的价格。他们会估计需求和成本，并据此选择一种价格，使之能产生最大的当期利润、现金流量或投资报酬率。应当明确，最大利润并不必然导致高价。在竞争性的市场上，任何企业都难以长期维持不合理的高价，高价既难以为市场所接受，又会过早地引起激烈的竞争，故不宜轻易采用。

第三，市场占有率最大化。有些企业想通过定价来取得控制市场的地位，即使市场占有率最大化。因为，企业确信在赢得高市场占有率之后，能产生规模经济效益并获得较高的长期利润，同时低价位还可以有效地排斥竞争对手，所以制定尽可能低的价格来追求市场占有率领先地位。企业也可能追求某一特定的市场占有率。例如计划在一年内将其市场占有率从10%提高到15%，企业就要制定相应的市场营销计划和价格策略。当具备下述条件之一时，企业就可考虑通过低价来实现市场占有率的提高：其一，市场对价格高度敏感，因此低价能刺激需求的迅速增长；其二，生产与分销的单位成本会随着生产经验的积累而下降；其三，低价能吓退现有和潜在的竞争者。

第四，产品质量最优化。企业也可以考虑产品质量领先这样的目标，并在生产和市场营销过程中始终贯彻产品质量最优化的指导思想。这就要求用高价格来弥补高质量和研究开发的高成本。产品优质优价的同时，还应辅以相应的优质服务。

2. 市场需求

市场需求受价格和收入变动的影响。通常情况下，价格与需求成反方向变化，价格上升，需求减少；价格下降，需求增加，这是供求规律的客观反映。但是，产品的最终销售收入是否增加，企业是否真正受益，还需要关注二者的变化幅度。因此在制定商品营销价格时，必须考察商品的需求价格弹性因素。

需求价格弹性，简称需求弹性，是指在一定时期内，某种商品的价格变动的百分比与其需求变动的百分比的比值。它反映需求变动对价格变动的敏感程度。需求价格弹性，用 Ep 表示，取其绝对值，其计算公式表示为：

$$E_P = \frac{需求变动的百分比}{价格变动的百分比}$$

当 Ep > 1 时，表示价格变动引起需求量大幅度变化，称为需求弹性大，表明该商品的需求对其价格变化的反应较为敏感。企业在降低成本、保证质量的前提下，采用低价策略可以扩大销售，争得较多利润，即实践中"薄利多销"的原理；

当 Ep < 1 时，表示价格变动只引起需求量较小的变化，称为需求弹性不足，表明该商品的需求对其价格变化的反应较为迟钝。该类商品的降价不仅不能带来同等幅度销量的增长，反而会降低收入和利润；

当 Ep = 1 时，表示价格变动引起需求量等幅度的变化，称为需求无弹性。表明价格的上升或下降对销售额影响不大。这类商品则应该认真研究市场状况，找出影响需求变化的关键因素，并据此选择相应的价格策略。

3. 产品成本

商品的价格由成本、税金和盈利构成。如果说，某种产品的最高价格取决于市场需求，则最低价格取决于这种产品的成本费用。从长远来看，任何产品的销售价格都必须高于成本费用，才能以销售收入来抵偿生产成本和经营费用，否则就无法经营。因此，企业制定价格时必须估算成本。

研究成本因素，应区别以下各种成本概念：

第一，固定成本。固定成本为组织一定范围内的生产经营所支付的固定因素的费用，即不随产量的变动而变化的成本，如固定资产折旧、租金、财产税、产品设计费、管理人员工资等，不论产量多少，都必须支出。

第二，变动成本。变动成本指在同一范围内支付变动因素的费用，即随产量的变动而变化的成本，如原材料、生产工人工资、销售佣金及商品运输费用等。

第三，总成本。总成本是固定成本与变动成本之和。当产量等于零时，总成本等于固定成本。

第四，平均固定成本。平均固定成本指总固定成本除以产量所得商数。固定成本不随产量的增加而变动，但是平均固定成本必随着产量的增加而减少。

第五，平均变动成本。平均变动成本即总变动成本除以产量所得商数。当生产有了一定程度的发展时，由于工人熟练程度提高，批量采购原材料价格优惠，变动成本呈递减趋势；但达到某一程度以后，某些费用，如设备维修费累进计件工资等费用比产量增长更快，平均变动成本又可能转趋上升。

第六，平均总成本。平均总成本是将总成本以产量来除所得的商数，简称平均成本。因固定因素逐渐被利用，生产效率逐渐提高，并且变动因素也因产量增加而能发挥大量采购和加工的优势，故平均成本一般随产量的增加而递减。

第七，边际成本。边际成本指每增加或减少一个单位产量所造成变动的数额，可称作新增成本。由于生产者所关心的是找到一个能获得最大利润的产量，故对产量变动所发生的新增成本比对平均成本更为重视，边际成本的变动与固定成本无关，初期呈下降趋势，低于平均成本，导致平均成本下降。但通过一定限度，则高于平均成本，又导致平均成本上升。

第八，制造成本和使用成本。企业在产品销售之前所发生的成本费用，即制造成本；而消费者在使用产品时的花费，如汽油费、电费、维修费等，被称为使用成本，也是影响价格和需求的重要因素。

第九，机会成本。机会成本指企业从事某一项经营活动而放弃另一项经营活动的机会，另一项经营活动所应取得的收益即为某项经营活动的机会成本。研究机会成本的实际意义在于企业经营活动中，面对各种可能的经营途径，选择其中的最佳途径，以便使有限的资源得到最合理的利用。

4. 其他因素

第一，价格竞争。价格竞争是营销竞争的重要手段和内容。现实和潜在的竞争对手的多少及竞争的强度对产品定价的影响很大。竞争越激烈，对价格的影响越大，特别是那些非资源约束性产品，对技术、设备要求不高，容易经营的产品，潜在的竞争威胁非常大。完全竞争的市场，企业定价在一定程度上受竞争者的左右而缺乏自身的自主权，因此，工商企业除经营国家规定的实行统一价格的商品外，其他商品的定价，都应考虑竞争对手的价格情况，力求定出对竞争较为有利而受欢迎的价格，特别是对竞争激烈的商品，企业应把定价策略作为与竞争者相竞争的一个特别重要因素来考虑。一般来说，如果商品在竞争中处于优势，可以适当采取高价策略；反之，则应采取低价策略。同时，企业还要用动态的观点随时关注对手的价格调整措施，并及时做出反应。

第二，消费者心理。消费者的价格心理影响到消费者的购买行为和消费行为，企业定价必须考虑到消费者心理因素：一是预期心理。消费者预期心理是反映消费者对未来一段时间内市场商品供求及价格变化趋势的一种预测。当预测商品是一种涨价趋势，消费者争相购买；相反，持币待购。2003年非典引发抢购风潮就证明了这一点。所谓的"买涨不买落"也是消费者预期心理的作用；二是认知价值和其他消费心理。认知价值指消费者心理上对商品价值的一种估计和认同，它以消费者的商品知识、后天学习和积累的购物经验及对市场行情的了解为基础，同时也取决于消费者个人的兴趣和爱好。消费者在购买商品时常常把商品的价格与内心形成的认知价值相比较，将一种商品的价值同另一种商品的认知价值相比较以后，应当确认价格合理，物有所值时才会做出购买决策，产生购买行为。同时，消费者还存在求新、求异、求名等心理，这些心理又影响到认知价值，因此，在企业定价时必须深入调查研究，把握消费者认知价值和其他心理，据此制订价格，促进销售。

第三，政策法规。价格变动牵涉各行各业，与人们的生活和国家的安定息息相关。因此，在市场发挥价值规律的基础上，通过制定物价工作方针和各项政策、法规，对价格进行管理、调控或干预或利用生产、税收、金融、海关等手段间接地控制价格，有利于维护价格稳定、弥补市场失灵等问题。

目前，国内规范企业定价行为的法律和相关法规有《价格法》《价格管理条例》《反不正当竞争法》《垄断法》《制止牟取暴利的暂行规定》《价格违法行为行政处罚规定》《关于制止低价倾销行为的规定》《政府价格决策听证制度》《政府制定价格行为规则》《价格违法行为举报规定》《禁止价格欺诈行为的规定》《制止价格垄断行为暂行规定》《关于商品和服务实行明码标价的规定》《价格监督检查程序规定》《重要商品和服务价格成本监审暂行办法》等。

二、企业定价方法

（一）成本导向定价法

成本导向定价法是以企业产品成本作为基础的定价方法，这种方法的优点是"量出为入"，将本求利，计算简单。

1. 全成本定价法

全成本定价法也就是成本加成定价法，即首先确定单位变动成本，再加上平均分摊的固定成本组成单位完全成本，在此基础上加上一定比例的利润，作为单位产品价格。在计算时，应先统计出总的产销量，然后在每个单位产品成本的基础上加上纳税金和预期利润率。售价与成本的差额占成本的比例即为加成，其基本公式如下：

$$P=C(1+t)(1+r) （顺加法）$$

$$P=C(1+t)(1-r) （倒扣法）$$

P——单位产品价格；C——单位产品成本；t——税率；r——加成率。

商业企业往往采用倒扣法，这种方法计算简单易行，成本资料直接可得。"将本求利"的把握较大，对买卖双方相对公平。它适用的范围比较广泛，制造商、中间商以及建筑业、科研部门和农业部门经常使用这种方法，特别是销售量与单位成本相对稳定，供求双方竞争不甚激烈的商品更为适用。采用这种定价方法的关键是加成率，企业要根据单位成本、市场和产品特点等合理确定加成率。这种方法的缺点是没有考虑到不同价格下需求量的变动情况，不能准确测定商品的销售量，同时，对市场竞争的适应能力差，定价方法也不灵活。

2. 目标利润定价法

目标利润定价法也叫投资收益定价法，即根据企业的总成本和计划的总销售量，加上按投资收益率确定的目标利润额作为定价基础的一种方法。

其基本公式如下：

$$P=C(1+r)/Q$$

P——单位产品价格；Q——预计销售量；r——目标利润率；C——总成本。

这一公式表明：投资收益多少，由企业或投资者裁定，一般不低于银行利率。

其优点是：有利于加强企业管理的计划性，可更好地实现投资回收计划。但这种方法要求较高，企业必须有较强的计划能力，必须测算好销售价格与期望销售量之间的关系，避免出现确定了价格而销售量达不到预期目标的被动情况。

3. 盈亏临界点定价法

盈亏临界点定价法也叫损益平衡定价法，即企业按照生产某种产品总成本和销售收入维持平衡的原则来制定产品的保本价格的一种方法。这种方法在市场不景气的情况下采用比较合适，因为保本经营总比停业的损失要小，而且企业有较灵活的回旋余地。

$$P=F+C_v/Q$$

P——单位产品保本价格；C_v——总的变动成本，F——固定成本；Q——预计销售量。

应该指出：这种方法较多地适用于工业企业定价，商贸企业一般不会采用这种定价方法。

（二）需求导向定价法

需求导向定价法又称为顾客导向定价法或市场导向定价法，是以市场对产品的需求作为定价基础，根据市场供求状况、需求价格弹性、消费者心理差异等来确定产品价格的方法。根据现代营销观念，产品价格的确定，关键不在于产品的成本高低，而在于消费者的需求，特别是消费者对企业产品价值的认知程度。需求导向定价法主要有理解价值定价法、需求差异定价法和逆向定价法。

1. 理解价值定价法

理解价值，又称为感受价值、认知价值。理解价值定价法，是根据消费者对产品价值的理解度，即以产品在消费者心目中的价值观念为基础来确定产品价格的方法，这种定价方法认为，某一产品的性能、质量、服务、品牌、包装和价格等，在消费者心目中都有一定的认识和评价。消费者往往根据他们认识、感受或理解的价值水平考虑是否接受该商品的价格。当商品价格水平与消费者对商品价值的理解水平大体一致时，消费者就会接受这种价格；反之，消费者就不会接受这个价格，商品就卖不出去。因此在很多情况下，由于消费者并不知道商品的实际成本和实际价值，他们对价格的接受程度，主要取决于他们在观念上所理解、所认识、所感受的商品价值。由于消费者对新产品的理解价值反映了产品价值的市场接受水平，因此，根据理解价值定价可以获得良好的市场反应。

理解价值定价法的关键和难点是获得消费者对有关产品价值理解的准确资料，或者说，企业要对消费者的理解价值有正确的估计和判断。如果企业对于消费者的理解价值估计过高会导致定价偏高，则会影响销量；对消费者的理解价值估计过低会导致定价偏低，则会影响企业的正常利润。因此，企业必须通过广泛的市场调研，了解消费者的需求偏好，根据产品的性能、用途、质量、品牌、服务等要素，准确判断消费者对产品的理解价值，制定产品的初始价格，然后在初始价格条件下，预测可能的销售量，分析目标成本和销量收入。在比较成本与收入、销量与价格的基础上，确定该定价方案的可行性，并制定最终价格。

2. 需求差异定价法

需求差异定价法，是指因需求特性的不同，同一时间、对同一商品制定两种或两种以上的价格。需求差异主要表现在购买力、需求量、需求强度、需求时间、需求层次、需求地点、需求偏好、商品用途、产品生命周期所处的阶段，需求弹性、用户类型等方面，还受到国家政策导向的影响。这种定价方法往往是根据消费者需求的不同特性，对同一产品在同一市场上制订不同的价格，使定价最大限度地符合市场需求，促进产品销售，从而使企业获取更大的经济效益。

根据需求特性的不同，需求差异定价法通常可分为以下四种形式：

第一，因顾客而异。同一种产品对不同的顾客制定不同的价格。因职业、年龄、收入水平等原因，对于同一品种、规格和花色的产品来说，不同的消费者有着不同的效用评价，其所愿意接受的最高价格也就不尽相同。因此，企业可以根据消费群体不同的需求心理和需求强度来制定不同的价格。如我国对工业用电和居民用电采用不同的价格标准。

第二，因地理位置而异。因地理位置的不同而制定不同的价格。这种定价主要适用于以地理位置来满足人们特殊需要的服务业的定价。如影剧院，虽然所有座位的装修费是一样的，但由于不同位置的需求强度不同，因此对不同位置制定不同的价格。又如同一幢住宅内虽然每套房间的单位造价是基本相同的，但由于不同楼层和不同朝向对住户的生活方便和舒适程度也有影响，而住户对不同位置的套房的需求强弱不同，因此每套住房的售价和租金也有所不同。

第三，因时间而异。同一种产品，价格随季节、日期，甚至时间的不同而变化。很多商品的需求随时间变化而变化，如时令商品（服装、饮料、电扇等）的需求量在不同的季节差别很大；铁路交通在逢年过节的时候需求量最大。因此，在需求强度大的时间里，价格可以定得高一些，其他时间里价格可以定得低一些。

第四，因产品而异。对于品种相同但花色、样式不同的产品来说，消费者的需求强度可能是不同的，特别是标有某种纪念符号的产品，往往会引起比其他具有同样使用价值的产品更为强烈的需求。如在奥运会期间，标有会徽或吉祥物的产品的价格，比其他未做标记的同类产品的需求量大得多，在这种情况下，前者的价格自然要比后者的价格高。

由于需求差异定价法针对不同的需求采用不同的价格，可以为企业谋取更多的利润，因此在实践中被广泛使用。但是，采用需求差异定价法必须具备一定的条件：第一，市场能够根据需求强度的不同进行细分；第二，细分后的市场在一定时期内相对独立，互不干扰；第三，高价市场中不能有低价竞争者；第四，价格差异适度，不会引起消费者的反感；第五，差别定价不能违反国内外的相关法律。

3. 逆向定价法

逆向定价法是指企业通过市场调研，根据消费者能够接受的最终销售价格，在计算企业的成本和利润后，逆向推算出中间商的批发价和生产企业的出厂价。这种定价方法不以实际成本为依据，而以消费者对商品的认知价值为出发点，首先考虑的是对市场的需求状况，力求价格为消费者所接受。

逆向定价法的优点是：价格能够反映市场需求状况，有利于加强与中间商的良好关系，使产品迅速向市场渗透；定价比较灵活，可根据市场供求状况及时调整。

（三）竞争导向定价法

在竞争十分激烈的市场上，企业应通过研究竞争对手的生产条件、服务状况、价格水平等因素，依据自身的竞争实力，参考成本和供求状况来确定商品价格。这种定价方法就是通常所说的竞争导向定价法。其特点是：价格与商品成本和需求不直接发生关系。商品成本或市场需求变化了，但竞争者的价格未变，就应维持原价；反之，虽然成本或需求都没有变动，但竞争者的价格变动了，就得相应地调整其商品价格。当然，为实现企业的定价目标和总体经营战略目标，谋求企业的生存或发展，企业可以在其他营销手段的配合下，将价格定得高于或低于竞争者的价格，并不一定要和竞争对手的产品价格完全保持一致。

1. 随行就市定价法

在垄断竞争和完全竞争的市场结构条件下，任何一家企业都无法凭借自己的实力在市场上取得绝对优势，为了避免竞争特别是价格竞争带来的损失，大多数企业都采用随行就市定价法，即将本企业某产品的价格保持在市场平均价格水平上，利用这样的价格来获得平均报酬。此外，采用随行就市定价法，企业就不必去全面了解消费者对不同价差的反应，从而为营销、定价人员节约了很多时间。

采用随行就市定价法，最重要的就是确定目前的"行市"。在实践中，"行市"的形成有两种途径：第一种途径是在完全竞争的环境里，各个企业都无权决定价格，通过对市场的无数次试探，相互之间取得一种默契而将价格保持在一定的水准上。第二种途径是在垄断竞争的市场条件下，某一部门或行业的少数几个大企业首先定价，其他企业参考定价或追随定价。

2. 产品差别定价法

从根本上来说，随行就市定价法是一种防御性的定价方法，它在避免价格竞争的同时，也抛弃了价格这一竞争的"利器"。产品差别定价法则反其道而行之，它是指企业通过不同的营销努力，使同种同质的产品在消费者心目中树立起不同的产品形象，进而根据自身特点，选取低于或高于竞争者的价格作为本企业产品的价格。因此，产品差别定价法是一种进攻性的定价方法。

产品差别定价法的运用，首先要求企业必须具备一定的实力，在某一行业或某一区域市场占有较大的市场份额，消费者能够将企业产品与企业本身联系起来；其次，在质量大体相同的条件下实行差别定价是有限的，尤其对于定位为"质优价高"形象的企业来说，必须支付较高的广告、包装和售后服务方面的费用。因此，从长远来看，企业只有通过提高产品质量，才能真正赢得消费者的信任，才能在竞争中立于不败之地。

3. 密封投标定价法

在国内外，许多大宗商品、原材料、成套设备和建筑工程项目的买卖和承包以及征召生产经营协作单位、出租出售小型企业等，往往采用发包人招标、承包人投标的方式来选择承包者，确定最终承包价格。一般说来，招标方只有一个，处于相对垄断地位，而投标方有多个，处于相互竞争地位。标的物的价格由参与投标的各个企业在相互独立的条件下来确定。在买方招标的所有投标者中，报价最低的投标者通常中标，它的报价就是承包价格。这样一种竞争性的定价方法就称为密封投标定价法。

在招标投标方式下，投标价格是企业能否中标的关键性因素。高价格固然能带来较高的利润，但中标机会却相对减少；反之，低价格，低利润，虽然中标机会大，但其机会成本可能大于其他投资方向。那么，企业应该怎样确定投标价格呢？

首先，企业应根据自身的成本确定几个备选的投标价格方案，并依据成本利润率计算出企业可能盈利的各个价格水平；其次，分析竞争对手的实力和可能报价，确定本企业各个备选方案的中标机会。竞争对手的实力包括产销量、市场占有率、信誉、声望、质量、服务水平等项目，其可能报价在分析历史资料的基础上得出；再次，根据每个方案可能的盈利水平和中标机会，计算出每个方案的期望利润。每个方案的期望利润＝每个方案可能的盈利水平 × 中标概率（％）；最后，根据企业的投标目的来选择投标方案。

三、定价的基本策略

（一）心理定价策略

心理定价策略是根据不同类型的消费者在购买产品时的不同心理需求来制定价格，以促进销售的一种定价策略。它以消费者的心理需求作为定价的重要依据，目的是激发和强化消费者的购买欲望。常用的心理定价策略有以下几种：

1. 尾数定价策略

心理学家的研究表明，消费者更乐意接受尾数为非整数的价格。在美国，49美分的商品销量会远远超出50美分的同类商品，而日本的消费者会对尾数为8的商品比较青睐。尾数定价策略是指利用消费者求廉的心理，制定成非整数价格的策略，如将一盏台灯的价格定为19.9元，而不定为20元，虽然仅相差0.1元，但前者给消费者的感觉是还不到20元，从而产生一种价格偏低、商品便宜的心理，使之易于接受，从而激起消费者的购买欲望以促进销售。尾数同时让消费者感到定价精准合理，认为几角几分都是经过商家认真核算的，可信度较高。

2. 整数定价策略

整数定价策略与尾数定价策略正好相反，企业有意将产品价格定为整数，以显示产品具有一定的质量。整数定价多用于价格较贵的耐用品或礼品，以及消费者不太了解的产品。对于价格较贵的高档产品，顾客较为重视质量，往往把价格高低作为衡量产品质量的标准之一，从而有利于销售。例如精品店的服装可以定价1000元，而不必定为998元。这样定价便于价格结算，同时能在消费者心目中树立高档、高价、优质的产品形象。

3. 声望定价策略

声望定价策略是指企业针对消费者求名、求声望的心理进行的定价策略。一些在消费者心目中有声望的名牌产品，即使在市场上有同质同类的产品，顾客也宁愿支付较高的价格购买。不少高端名牌产品和稀缺产品，如豪华轿车、高档手表、名牌时装、名人字画、珠宝古董等，在消费者心目中享有极高的声望价值。购买这些产品的人，往往不在于关心产品价格，而最关心的是产品能否彰显其身份和地位，价格越高，心理满足的程度就越大。如普通冰淇淋只卖几元，哈根达斯冰淇淋用一句"爱她就请她吃哈根达斯"，让情侣竞相出手，购买这种最便宜也要40元一小杯的冰淇淋。

4. 招徕定价策略

招徕定价策略是指将某几种商品的价格定得很低，在引来大量好奇心理和观望行为的消费者之后，带动其他产品销售的策略。这一定价策略常为综合性百货商店、超级市场，甚至高档商品的专卖店所采用。美国有家"99美分商店"，不仅一般商品以99美分标价，甚至每天还以99美分出售10台彩电，极大地刺激了消费者的购买欲望，商店每天门庭若市。一个月下来，每天按每台99美分出售10台彩电的损失不仅完全补回，而且商店还有不少利润。再如一些大型超市在周末会将鸡蛋、白菜等商品以低价促销，以此来吸引消费者，招徕人气，促进其他商品的连带购买。

值得注意的是，用于降价的商品应是消费者常用的日用品、必需品，否则会没有吸引力；商品的降价幅度要大，一般应接近成本或者低于成本，只有这样，才能引起消费者的注意和兴趣，才能激起消费者的购买动机；降价商品的数量要适当，太多了商店亏损太大，太少了容易引起消费者的反感。

5. 如意定价策略

在不同的国家、地区的不同消费群体中，由于受民族风俗习惯、文化传统和信仰的影响，往往存在着对某些数字的偏爱或忌讳。例如在我国的商场和超市的商品定价中，乐于采用消费者偏爱的"8"和"6"，"8"代表发财，"6"代表六六大顺，吉祥如意，比较讨巧；西方人讨厌"5"和"13"，认为这些数字不吉利；日本人则偏爱偶数定价的产品，因为日本人讲究对称、平衡、和谐和圆满。

（二）新产品定价策略

1. 撇脂定价策略

新产品进入市场时，需求弹性小，竞争对手少，企业有意识地将产品价格定得偏高，然后根据市场供求情况，逐步降低价格，赚头蚀尾，犹如从牛奶中撇取奶油一样，由精华到一般，故称此定价策略为撇脂定价策略。采用这种定价策略，可使企业在短期内收回成本，并赚取较大利润，其缺点是不利于市场的开发与扩大。

2. 渗透定价策略

新产品上市以后，企业以偏低的价格出售，只求保本或微利，用低价吸引顾客，提高市场占有率，使商品逐步渗透，从而扩大销路和销量，占领市场，挤掉竞争对手，以后再将价格提高到一定的高度，即"蚀头赚尾"。这种定价策略有利于企业产品迅速打开销路，占领市场，树立和提高企业的信誉。它适宜于需求弹性大、潜在市场广的产品，但不利于垫付资本的及时回收。

3. 温和定价策略

该策略亦称"君子"定价策略。新产品上市以后，按照企业的正常成本、国家税金和一般利润，定出中等价格，使企业既能获得一般利润，又能吸引购买，赢得顾客好感。这种定价策略介于"撇脂定价"和"渗透定价"之间，避免了"高""低"定价策略的弊端，故称"温和定价"策略。

4. 反向定价策略

企业通过市场调查或征询分销渠道的意见，推测消费者对某种商品所期望的价格来确定新产品的上市价格，再按照上市价格预测出消费者的需求和购买力。它有利于建立和提高企业的信誉，其缺点是带有一定的主观性，因为预测与实际总会存在某些差距。

5. 需求习惯定价策略

有些产品在市场销售已久，在长期购销活动中，形成一种习惯价格，如日用工业品、主副食品等，企业在向市场投放这类新产品时，必须按照需求习惯定价。它从价格上尊重了消费者的习惯，给消费者以价格稳定、合理的感受，其缺点是有时不能适应新的变化情况。

6. 随行就市定价策略

新产品投入市场时，亦可完全依赖供求状况，灵活定价。这种定价策略要求价格不固定在某个点上，而是让买卖双方当面协商、满意成交。它有利于企业从价格中及时把握市场行情，生产、经营适销对路的商品，它适用于小商品生产经营的企业。

（三）折扣定价策略

折扣定价策略是对产品的价格做出一定的让步，从而达到扩大销量、提高市场占有率的目的。常用的价格折扣主要有以下五种形式：

1. 现金折扣

零售企业往往愿意利用这种现金折扣，增加销售，卖方可据此及时回笼资金，扩大商品经营。除此之外，现金折扣也可用来针对中间商，是对中间商在规定的时间内提前付款或用现金付款所给予的一种价格折扣，其目的是鼓励中间商尽早打款备货，加速资金周转，降低销售费用，减少财务风险。

2. 季节折扣

有些商品的生产是连续的，但其消费却具有明显的季节性。季节性折扣策略是指对在消费淡季时采购这类产品的买主给予一种折扣优惠。例如空调生产厂家对在冬季进货的商业单位给予大幅度让利，羽绒服生产企业则为夏季购买其产品的客户提供折扣。季节性折扣的目的是鼓励购买者提早进货或淡季采购，以减轻企业仓储压力。

3. 数量折扣

指按顾客购买数量的多少，分别给予不同的折扣，这也是企业最常用的一种价格折扣策略。一般来说，购买数量越多，或数额越大，则折扣越大。其目的是鼓励和吸引顾客长期、大量或集中向本企业购买商品。数量折扣可以分为累计数量折扣和非累计数量折扣两种形式。

累计数量折扣规定顾客在一定时间内，购买商品若达到一定数量或金额，则按其总量给予一定折扣，其目的是鼓励顾客经常向企业购买，成为可信赖的长期客户。非累计数量折扣规定一次购买某种产品达到一定数量或购买多种产品达到一定金额，则给予折扣优惠，目的是鼓励顾客大批量购买，促进产品多销、快销。数量折扣的促销作用非常明显。

4. 交易折扣

交易折扣是企业根据各类中间商在市场营销中担负的不同功能所给予的不同折扣。企业采取交易折扣的目的在于利用价格折扣刺激中间商更充分地发挥各自的组织市场营销活动的功能。例如某企业同时向批发商和零售商出售某种产品，给批发商15%的折扣，而零售商只能得到7%的折扣。这就是依据他们在销售中担负的不同功能而做出的。

5. 津贴

津贴是企业对中间商积极开展促销活动所给予的一种补助或降价优惠。中间商分布广，影响面大，熟悉当地市场状况，因此企业常常借助他们开展各种促销活动，如刊登地方性广告，布置专门橱窗等。对中间商的促销费用，生产企业一般以发放津贴或以优惠价供货作为补偿。

（四）产品组合定价策略

企业为了满足不同目标市场上消费者的消费需求或为了更好地满足同一目标市场上消费者的多种需求，往往不只经营一种产品系列，而是同时经营多个产品系列。由于这些产品在需求和成本等方面的相互联系，在产品定价时就要通盘考虑。产品组合定价策略就是要求企业在对产品进行定价时，不要孤立地考虑某一种产品的利益，而是要注意产品组合整体利益的最大化。产品组合定价策略可以分为以下几种情况：

1. 产品线定价策略

企业开发出的产品线，不仅仅生产单一的产品。例如彩电生产企业会同时生产不同型号的彩电等。生产线上的电视机依次增加新功能来获取高价。企业定价的关键是确定各型号之间的价格差距，制定价格差距时除了要考虑各型号间的成本差额外，还需要考虑顾客对不同特征的评价和竞争对手的价格。如果价格差额太大，会诱导消费者趋向于某一种低价产品；如果价格差额太小，会使顾客很难确定选购目标，影响到整个产品线的销售。如某服装店将男衬衫分别定为260元、95元、30元三种价格，消费者自然会把这三种价格的衬衫分为高、中、低三个档次进行选购。即使这三种价格都有变化，消费者仍会按自己的习惯去购买某一档次的衬衫。

2. 任选品定价策略

任选品定价策略，是指在提供主要产品的同时，还附带提供选购产品或附件与之搭配。选购品的定价应与主要产品的定价相匹配。选购品有时会成为招徕消费者的廉价品，有时会是企业高价的获利项目。如美国的汽车制造商往往提供不带任何选购品的车型，以低价吸引消费者，然后在展厅内展示带有好多选购品的汽车，让消费者选购。

3. 互补品定价策略

互补品定价策略，是指具有连带互补关系，必须配套使用的产品所采取的定价策略。同时生产两种相关产品的企业，一般将主体产品定低价来吸引消费者购买，而将附属产品定高价，这样有利于整体销量和企业利润的增加，从而获得长期的收益。如吉列公司的剃须刀刀架定价很低，因为它在销售高价吉列刀片上已赚回利润。

4. 副产品定价策略

企业在生产过程中，通常会产生副产品，如酿酒厂的酒糟、榨油厂的油渣。这些副产品的处理，往往需要花费一定的费用。如果能将这些副产品按照一定价格售卖出去，将会对主产品的价格产生十分有利的影响，同时也有助于企业在面临较大竞争压力时采取较低的价格策略。

（五）地区定价策略

一般来说，一个企业的产品不仅可以卖给当地顾客，而且同时还可以卖给外地顾客。而卖给外地顾客，把产品从产地运到顾客所在地，需要装运费用。所谓地区性定价策略，就是企业要决定：对于卖给不同地区顾客的某种产品是分别制定不同的价格，还是制定相同的价格？也就是说，企业要决定是否制定地区差价。地区性定价的形式主要有以下五种类型：

1.FOB 原产地定价

所谓 FOB 原产地定价，就是顾客按照厂价购买某种产品。企业只负责将这种产品运到产地某种运输工具上交货。交货后，从产地到目的地的一切风险和费用一概由顾客承担。如果按产地某种运输工具上交货定价，那么每一个顾客都各自负担从产地到目的地的运费。这种定价对企业也有不利之处，即远地的顾客有可能不会购买这个企业的产品，而买其附近企业的产品。

2.统一交货定价

所谓统一交货定价，就是企业对卖给不同地区顾客的某种产品，都按照相同的价格加价相同的运费（按平均运货计算）定价。也就是说，对全国不同地区的顾客，不论远近，都实行一个价。因此，这种定价又叫邮资定价。

3.分区定价

这种形式介于前二者之间。所谓分区定价，就是企业把全国（或某些地区）分为若干价格区，对于卖给不同价格区顾客的某种产品分别制定不同的地区价格。距离企业远的价格区，价格定得较高；距离企业近的价格区，价格定得较低。在各个价格区范围内实行一个价。企业采用分区定价也存在问题，主要表现在以下两个方面：第一，在同一价格区内，有些顾客距离企业较近，有些顾客距离企业较远，前者就不合算；第二，处在两个相邻价格区界两边的顾客，他们相距不远，但是要按高低不同的价格购买同一种产品。

4.基点定价

所谓基点定价，是指企业选定某些城市作为基点，然后按一定的厂加价从基点城市到顾客所在地的运费来定价，而不管货实际上是从哪个城市起运的。有些公司为了提高灵活性，选定许多个基点城市，按顾客最近的基点计算运费。

5.运费免收定价

有些企业因为急于和某些地区做生意，负担全部或部分的实际运费。这些卖主认为，如果生意扩大，其平均成本就会降低，因此足以补偿这些费用开支。采取运费免收定价，可以使企业加深市场渗透，并且能在竞争日益激烈的市场上站稳脚跟。

第二章　网络营销研究

网络营销是一门新兴的交叉性学科，是企业整体营销战略的组成部分，是为实现企业总体经营目标而进行的营销活动。它是以互联网为基本手段营造网上经营环境的过程，其目的是实现产品销售。

第一节　网络营销的概述

网络营销是当今大数据发展环境下的必然趋势，企业要想保证发展的趋势，就必须要开展网络营销活动，其中，首先应对网络营销有一个具体简要的了解。

一、网络营销的概念

网络营销(cybermarketing)是一个全新的营销概念，它是在市场营销(marketing)的基础上发展起来的。"cyber"一词在字典中的解释是"控制复杂系统的科学"，在实际应用中，其含义演化为计算机和通信实现交汇的无形"空间"。因此，网络营销就是以电子信息技术为基础，以计算机网络为媒介和手段而进行的各种营销活动的总称，它能更加有效地促进个人和组织交易活动的实现。按照这个定义，网络营销包括新时代的因特网传播媒体、未来的信息高速公路、数字电视网、电子货币支付方式等。网络营销贯穿在企业经营的整个过程中，包括市场调查、客户分析、产品开发、生产流程、销售策略、售后服务、反馈改进等环节。

网络营销的本质是营销，它不同于传统的营销方式，不是简单的营销网络化，它的存在和运作并未完全抛开传统的营销理论，而是网络化与传统营销的结合。网络营销是通过信息技术、网络技术等，引导商品或服务从生产者转移到消费者的过程。一种商品或服务从设计生产到实现消费是一个包括信息传递与沟通、商品与货币价值交换的复杂过程。在这个过程中，存在着种种时间与空间、意识与技术上的障碍。通过网络营销，可以排除这些障碍，使得企业生产的产品顺利到达消费者手中，从而实现竞争优势，提高企业效益。

网络营销是企业整体营销战略的一个重要组成部分，是建立在因特网基础之上、借助于因特网来实现一定营销目标的一种营销手段，它是一种新生的营销方式，因此对网络营销的理解一定要做到正确，不失偏颇。

因此，必须要对网络营销的内涵有一个深刻的认识。

（一）网络营销不是网上销售

网络营销是为最终实现产品销售、提升品牌形象而进行的活动，网上销售是网络营销发展到一定阶段产生的结果，因此网络营销本身并不等于网上销售。这可以从三个方面来说明：第一，网络营销的目的并不仅仅是促进网上销售，很多情况下，网络营销活动不一定能直接实现网上销售的目的，但是可以促进网上销售的增加，并且提高顾客的忠诚度；第二，网络营销的效果可以表现在多个方面，例如企业品牌价值的提升、与客户之间沟通的加强、对外信息发布的渠道的拓展、对顾客服务的改善等；第三，网上销售的推广手段也不仅仅靠网络营销，往往还要采取许多传统的方式，如传统媒体广告、新闻发布、宣传册等。

（二）网络营销不等于网站推广

网站推广是网络营销中的一项重要内容，但网站推广并不等于网络营销，它只是网络营销的基础性内容而已。目前，许多网络应用服务企业大举网络营销的旗帜，而推行的服务却仅仅是一些网站推广的服务，这给传统企业造成了网站推广就是网络营销的误解，这对于企业科学开展网络营销活动产生了诸多不利的影响。首先，造成企业缺乏对网络营销的全面认识，不能科学制订网络营销目标与计划；其次，单纯的网站推广其营销效果大打折扣，企业往往发现，虽然访问量上去了、搜索引擎都登录了，却没有带来多少客户和订单，这是因为相关配套的网络营销措施与举动不到位，就像企业针对地方市场投放大量电视广告，却在商场和街头难觅企业和产品身影。所以在开展网络营销的时候，首先要认识到网站推广不等于网络营销，必须要制订包括网站推广在内系统、周密的网络营销计划，才能切实看到效果。

（三）网络营销是手段而不是目的

网络营销具有明确的目的和手段，但网络营销本身不是目的。网络营销是营造网上经营环境的过程，也就是综合利用各种网络营销方法、工具、条件并协调之间的相互关系，从而更加有效地实现企业营销目的的手段。

（四）网络营销不是孤立存在的

许多企业开展网络营销的随意性很大，往往是根据网络公司的建议方案开展，而企业营销部门几乎不参与，网络营销成了网络公司的表演秀。事实上，网络营销应纳入企业整体营销战略规划。网络营销活动不能脱离一般营销环境而独立存在，网络营销应看作是传统营销理论在因特网环境中的应用和发展。网络营销与传统市场营销策略之间并没有冲突，但由于网络营销依赖因特网应用环境而具有自身的特点，因而有相对独立的理论和方法体系，在企业营销实践中，往往是传统营销和网络营销并存。

（五）网络营销不仅限于网上

在我国，上网人数占总人口的比例还很小，即使对于已经上网的人来说，由于种种因素的限制，有意寻找相关信息，在因特网上通过一些常规的检索办法，不一定能顺利找到所需信息。另外，对于许多初级用户来说，可能根本不知道如何去查询信息，因此，一个完整的网络营销方案，除了在网上做推广之外，还很有必要利用传统营销方法进行网下推广，这可以理解为关于网络营销本身的营销，正如关于广告的广告。

（六）网络营销不等于电子商务

许多企业往往将电子商务同网络营销等同起来，但二者并不完全一样，它们有共同点，但更多的是不同点。网络营销和电子商务是一对紧密相关又具有明显区别的概念。电子商务是利用因特网进行的各种商务活动的总和，其核心是电子化交易。电子商务强调的是交易方式和交易过程的各个环节。网络营销是企业整体营销战略的一个重要组成部分，无论传统企业还是基于因特网开展业务的企业，也无论是否具有电子化交易的发生，都需要网络营销，但网络营销本身并不是一个完整的商业交易过程，而只是促成商业交易的一种手段，它是电子商务中的一个重要环节，尤其在交易发生之前，网络营销发挥着主要的信息传递作用。所以，可以说网络营销是电子商务的基础，开展电子商务离不开网络营销，但网络营销并不等于电子商务。二者的分界线就在于是否有交易行为的发生。

（七）网络营销不是"虚拟营销"

网络营销不是独立于现实世界的"虚拟营销"，它只不过是传统营销的一种扩展，即向因特网上的延伸，所有的网络营销活动都是实实在在的，而且比传统营销方法更容易跟踪了解消费者的行为。比如借助于网站访问统计软件，可以确切知道网站的访问者来自什么地方，在多长的时间内浏览了哪些网页，也可以知道企业发出的电子邮件有多少用户打开，有多少用户点击了其中的链接，可以确切地知道下订单的用户的详细资料，利用专用的顾客服务工具，可以同用户进行实时交流。网络营销的手段也不仅局限于网上，而是注重网上网下相结合，网上营销与网下营销并不是相互独立的，而是一个相辅相成、互相促进的营销体系。

二、网络营销的特点与优势

（一）网络营销的特点

1. 具有鲜明的理论性

网络营销是在众多新的营销理念的积淀、新的实践和探索的基础上发展起来的。网络营销理念吸纳了众多新的营销理念的精髓，如直复营销理论、关系营销理论、软营销理论、整合营销理论等，但又不同于任何一种营销理念。计算机科学、网络技术、通信技术、密码技术、信息安全技术、应用数学、信息学等多学科的综合技术，给予了网络营销以厚重的技术铺垫。

2. 市场的全球性

网络的连通性，决定了网络营销的跨国性；网络的开放性，决定了网络营销市场的全球性。网络营销，是在一种无国界的、开放的、全球的范围去寻找目标客户。市场的广域性、文化的差异性、交易的安全性、价格的变动性、需求的民族性、信息价值跨区域的不同增值性及网上顾客的可选择性，给网络经济理论和网络营销理论研究，提供了广阔的发展空间和无尽的研究课题，而且这种市场的全球性带来的是更大范围成交的可能性，更广域的价格和质量的可比性。然而，可比性越是强，市场竞争就越发激烈。

3. 资源的整合性

在网络营销的过程中，将对多种资源进行整合；将对多种营销手段和营销方法进行整合；将对有形资产和无形资产的交叉运作和交叉延伸进行整合。这种整合的复杂性、多样性、包容性、变动性和增值性具有丰富的理论内涵。

4. 明显的经济性

网络营销具有快捷性，因此它将极大地降低经营成本、提高企业利润。形成和促成网络营销经济性的有诸多原因：资源的广域性，地域价格的差异性，交易双方的最短连接性，市场开拓费用的锐减性，无形资产在网络中的延伸增值性，以及所有一切对网络营销经济性有关的影响，都将使我们极大地降低交易成本，给企业带来经济利益。网络营销的经济性以及由此带来的明显效果，必将清晰、鲜明地显现出来。

5. 市场的冲击性

网络的冲击能力是独有的。网络营销的这种冲击性及由此带来的市场穿透能力，明显地挑战了4P和4C理论。网络营销在进击时是主动、清醒、自觉的。无论是在信息搜索中的进击，还是在发布后的进击，都是在创造一种竞争优势，争取一批现实客户，获取一些潜在商机，扩大既有优势的范围。

在网络营销中，搜索价格正是为了比较价格，以制定科学、合理、有竞争力的价格；获取新产品信息，正是为了加快新产品的开发和研制，以提升企业的创新能力；搜索是在寻找渠道，发布也是为了扩展渠道，进行网络广告宣传同样是为了扩宽和营造渠道；进行客户关系管理是为了维系和疏通营销渠道。在当今网络市场环境下，渠道已经成为现代企业的一种战略资源。

6. 极强的实践性

网络营销的理论根底深深扎在网络营销实践的沃土之中。网络营销的每一步发展，都呼唤着网络经济理论研究的深入。但是这种呼唤，只有在网络营销的实践中攀登和开拓的人，才可以感受、体验到。网络营销的实践性还突出地表现在它对以往营销理念的审视性和对新论断广泛的检验性。

（二）网络营销优势

1. 有利于降低成本

企业采购原材料是一项烦琐、复杂的工作，而运用网络可以使采购产品与制造相结合，简化采购程序。使用EDI（电子数据交换）进行无纸化办公，通常可以为企业节省5%~10%的采购成本。"EDI是通过电子方式，采用标准化的格式，利用计算机网络进行结构化数据的传输和交换的一种信息技术。"另外，传统店铺促销需要投入很多的资金和人力进行市场调查，而网上促销的成本只相当于直接邮寄广告花费的1%，利用网络发布广告的平均费用仅为传统媒体的3%。

2. 帮助企业增加销售商机并促进销售

网络可以提供给企业全天候的广告及服务，还可以把广告与订购连为一体，促成购买意愿。此外，通过网络，企业与国际接轨，还可以减少市场壁垒，消除不同国家间的公司因时间、地域的障碍对销售产生的影响。传统的店铺销售有着地域的局限性，人们只能上门购物，制约了店铺的发展规模，而网络营销可以无时间限制地全天候经营，无国界、无区域界限，营销环节精简化。通过网络的独有特点，可以帮助企业更好地促进销售，从而提高企业的市场占有率。

3. 有助于实现全程营销目标

网络具有主动性与互动性的特点，并且可以无限延伸。在传统的店铺销售中，企业与消费者之间的沟通较为困难，而在网络环境下，企业可利用公告版、网站论坛、E-mail的形式，大大加强了企业与客户之间的联系，企业可以有效地了解客户的需求信息，从而建立数据库进行管理，利用这些信息，为企业所要进行的营销规划提供依据。这样不仅提高了消费者与企业间的互动性，还帮助企业实现销售目标。

4. 有利于服务于客户并满足客户的需要

营销的本质是排除或减少障碍，引导商品或服务从生产者转移到消费者的过程。网络营销是一种以客户为主，强调个性化的营销方式，它比起传统市场营销中的任何一个阶段或方式更能体现客户的"中心"地位。另外，网络营销能满足客户对购物方便性的需求，提高客户的购物效率。通过网络，客户可以在购物前了解到相关信息，购买后也可与厂家取得联系。此外，网络营销能为企业节省传统营销方式不得不花费的巨额促销和流通费用，从而使商品成本和价格的下降成为可能。

5. 具有高效性

网络具有快捷、方便的特性。网络营销结合这个优势，使商家进行营销活动的效率提高了。网络的高效性更有利于进行网络营销，使营销的过程更加快捷和及时，适应市场的发展要求。

6. 公平自由的竞争环境

每个企业都可以有自己的网站，都可以在得到允许的情况下在商业网站上随时发布自己的商品信息，甚至在企业与客户之间建立起一种相互信任的长期关系，而这一切所需的成本是极其低廉的，也不需要很长的时间。所以说无论是何等规模的企业，都可以用相差不多的成本建设并推广自己的网站。从这个意义上来讲，大企业、小企业甚至是个人，都是站在同一起跑线上，开展公平竞争。

三、网络营销的功能

（一）信息搜索功能

信息的搜索功能是网络营销进击能力的一种反映。在网络营销中，将利用多种搜索方法，主动、积极地获取有用的信息和商机；主动地进行价格比较，主动地了解对手的竞争态势，主动地通过搜索获取商业情报，进行决策研究。搜索功能已经成为营销主体能动性的一种表现和提升。

随着信息搜索功能由单一化向集群化、智能化的发展，以及定向邮件搜索技术的延伸，网络搜索的商业价值得到了进一步的扩展和发挥，寻找网上目标已经成为一件易事。

（二）信息发布功能

发布信息是网络营销的主要方法之一，也是网络营销的又一种基本职能。无论是哪种营销方式，都要将一定的信息传递给目标人群。但是网络营销所具有的强大的信息发布功能，是古往今来任何一种营销方式所无法比拟的。

网络营销可以把信息发布到全球任何一个地点，既可以实现信息的广覆盖，又可以形成地毯式的信息发布链；既可以创造信息的轰动效应，又可以发布隐含信息，信息的扩散范围、停留时间、表现形式、延伸效果、公关能力、穿透能力等都是最佳的。值得一提的是，在网络营销中，网上信息发布以后，可以能动地进行跟踪，获得回复，可以进行回复后的再交流和再沟通。因此，信息发布的效果明显。

（三）商情调查功能

网络营销中的商情调查具有重要的商业价值。对市场和商情的准确把握，是网络营销中一种不可或缺的方法和手段，是现代商战对市场态势和竞争对手情况的一种电子侦察。

在激烈的市场竞争条件下，主动地了解商情、研究趋势、分析顾客心理、窥探竞争对手动态是确定竞争战略的基础和前提。通过在线调查或者电子询问调查表等方式，不仅可以省去大量的人力、物力，而且可以在线生成网上市场调研的分析报告，趋势分析图表和综合调查报告。其效率之高、成本之低、节奏之快、范围之大，都是以往其他任何调查形式所做不到的。这就为广大商家，提供了一种市场的快速反应能力，为企业的科学决策奠定了坚实的基础。

（四）销售渠道开拓功能

网络具有极强的冲击力和穿透力。传统经济时代的经济壁垒、地区封锁、人为屏障、交通阻隔、资金限制、语言障碍、信息封闭等，都阻挡不住网络营销信息的传播和扩散。新技术的诱惑力、新产品的展示力，图文并茂；声像具有的昭示力、地毯式发布和爆炸式增长的覆盖力，将整合为一种综合的信息进击能力，快速打通封闭的坚冰，疏通种种渠道，打开进击的路线，实现和完成市场的开拓使命。

（五）品牌价值扩展和延伸功能

美国广告专家莱利·莱特预言：未来的营销是品牌的战争。拥有市场比拥有工厂更重要。拥有市场的唯一办法就是拥有占据市场主导地位的品牌。随着互联网的出现，不仅给品牌带来了新的生机和活力，而且还推动和促进了品牌的拓展和扩散。实践证明：互联网不仅拥有品牌、承认品牌而且对于重塑品牌形象，提升品牌的核心竞争力，打造品牌资产，具有其他媒体不可替代的效果和作用。

（六）特色服务功能

网络营销提供的是一种特色服务功能。服务的内涵和外延都得到了扩展和延伸。顾客不仅可以获得形式最简单的 FAQ(常见问题解答)、邮件列表以及 BBS、聊天室等各种即时信息服务，还可以获取在线收听、收视、订购、交款等选择性服务以及无假日的紧急需要服务，信息跟踪、信息定制到智能化的信息转移、手机接听服务，网上选购、送货到家的上门服务等。这种服务以及服务之后的跟踪延伸，不仅极大地提高了顾客的满意度，使以顾客为中心的原则得以实现，而且还使客户成了商家的一种重要的战略资源。

（七）顾客关系管理功能

客户关系管理，源于以客户为中心的管理思想，是一种旨在改善企业与客户之间关系的新型管理模式，是网络营销取得成效的必要条件，是企业重要的战略资源。

在网络营销中，通过客户关系管理，将客户资源管理、销售管理、市场管理、服务管理、决策管理融于一体，将原本疏于管理、各自为战的销售、市场、售前和售后服务与业务统筹协调起来。既可跟踪订单，帮助企业有序地监控订单的执行过程，规范销售行为，了解新、老客户的需求，提高客户资源的整体价值；又可以消除销售隔阂，帮助企业调整营销策略，收集、整理、分析客户反馈信息，全面提升企业的核心竞争能力。客户关系管理系统还具有强大的统计分析功能，可以为我们提供"决策建议书"，以避免决策的失误，能够为企业带来可观的经济效益。

（八）经济效益增值功能

网络营销会极大地提高营销者的获利能力，使营销主体提高或获取增值效益。这种增值效益的获得,不仅由于网络营销效率的提高,营销成本的下降,商业机会的增多,更由于在网络营销中,新信息量的累加,会使原有信息量的价值实现增值或提升其价值。这种无形资产促成价值增值的观念和效果,既是前瞻的,又是明显的。

四、网络营销的分类与案例

（一）网络营销的分类

1. 基于 Web 站点的网络营销

这是网络营销的主要形式,营销大师科特勒指出,公司可以在网站上应用营销的概念,即把对现有顾客和潜在顾客比较重要的功能加到网站上。实施这类网络营销将面临 Web 站点的规划、建设、维护、推广以及与其他营销方法的整合等问题。如果是交易型的网站,还会涉及产品、价格、渠道和促销等传统营销需要考虑的各类问题。正如科特勒所言,网络用户希望知道产品的性能及购买产品的地点。一个高质量的网站是网络营销的基础,然而网站所给予客户的不仅仅是对产品的描述,许多客户还希望通过企业的网站了解企业的规模、实力、质量认证、诚信等方面的信息,因此网站还应提供额外的信息来增加客户让渡价值,与客户建立更持久的关系。

2. 无 Web 站点的网络营销

开展网络营销并非一定要拥有自己的 Web 站点,在无网站的条件下,企业也可以开展卓有成效的网络营销。这类网络营销的主要手段有电子邮件营销、口碑营销、虚拟社区营销以及利用手机、掌上电脑等智能移动终端与互联网互动的无线营销等。随着电子商务的发展,越来越多的企业尤其是广大中小企业开始积极运用第三方电子商务服务平台开展在线销售、采购等生产经营活动,以降低企业在投资、技术等方面的风险,提高生产经营和流通效率。

上述两类网络营销的具体方式在不断地发展演变,如近年来兴起的博客营销、软文营销、电子杂志营销等,开始为越来越多的企业所认同和采用。企业可以根据经营环境、技术条件的发展变化选择合适的网络营销方式。

（二）网络营销的案例——微博使手机突破"熟人传播"

"当乔纳森在纽约国际机场等待登机时,通过 Twitter 写下了一些疑问,博客发出 10 秒后,他竟然收到了美国捷蓝 (Jet Blue) 航空公司的邮件,对其问题做出响应。原来捷蓝使用扫描工具对 Twitter 用户进行实时跟踪。"这就是微博的功能。人们可以通过微博的平台,随时随地将所见所闻的信息发到网上,而不只是用手机打给自己认识的人来抱怨。

手机和微博嫁接媒体的速度,比"卫星通信车"还快,不仅能像"卫星通信车"那样多媒体直播,还能多媒体接收和转发。因为有了微博,手机的照相功能演化成了图片即时报道,手机的短信功能演化成了即时文字报道,手机的录像功能演化成了即时"电视报道",

手机的录音功能演化成了即时"广播报道"。从这个角度说，手机和微博嫁接的媒体是融合了各种媒体表现形式的"融媒体"。如果在某个突发事件现场，许多人凭借手机用自己的眼睛和大脑向微博表述，那么网上呈现的描述的集合，必定是接近事实全貌的，也许还有高人的点评和建议。众多直接或间接的多媒体记录是微博的魅力之一。

微博的力量来源于手机是随身必带品，可以随时随地接收、发送信息。用手机上微博客的"新媒体人"的发稿频次和数量可以是传统媒体记者的十倍，甚至百倍。如果信息足够吸引人，就会被更多的人一次又一次地转发。所以微博比SNS、即时通讯更能凝结网民的力量。微博技术让手机不再是只能将信息传播到亲属、朋友、同事等熟人的工具，而变成了名副其实的"大众媒体"。其实，手机是凭借微博平台把无线网络与有线网络嫁接，让其他人看到你发的信息，这些人中的许多人往往是对你发的信息感兴趣的，他们会将你的信息转发给同样对这个信息感兴趣的人，严格地说，微博算是一种精确传播的"窄众"媒体。

第二节 网络营销的策略

与传统的市场营销不同，网络营销策略，虽然形式上表现为4PS体系，但其实质上要求在进行策略设计与选择实施时以4CS（用户需求customers' needs and wants、用户成本costs、便利性convenience、沟通communication）为导向。

一、网站策略

企业网站是企业在网上进行市场营销活动的基础，互联网设立企业网站是企业网络营销不可或缺的环节。网络营销的网站策略大致有以下几方面的要点：

（一）网站域名注册

在网络经济时代，域名是企业形象在互联网上的化身，是企业在网上市场环境中的商业活动的标识。一个好的域名可以对企业网络营销活动的成功起到事半功倍的效果。在注册企业网站域名时应该在合法的前提下遵循一些原则：长度短，简单易记，与企业的商业活动应有直接关系，正确拼写英文单词或拼音，优先使用商标、企业名称和产品名称，符合目标市场网民的使用习惯。

（二）网站及网页的策划和设计

网站设计应做到结构简单、内容全面，同时建立简明的路径索引，以方便客户访问。网页的设计与制作应注重以生动简洁的方式给消费者提供有用的企业和产品信息，同时给访问者提供与企业进行直接交流的互动机会，以收集客户对企业产品、服务及信息的意见。

此外，还可针对目标客户的特征提供一些特色服务，以延长访问者的停留时间，增加消费机会。

（三）网站的宣传和推广

据统计，目前互联网上的网站数量已超过1亿，如果不进行宣传和推广，制作再精良的企业网站也可能只是劳而无功。网站的宣传和推广应采用传统媒介和互联网媒介结合的方式进行。前者包括广播、电视、报纸、杂志、户外广告、宣传单等，后者可以利用搜索引擎注册、网站链接、电子邮件、网络广告、病毒营销等。

（四）网站维护

网站的建设、开通和推广并不意味着相关工作的结束，网站的维护也是一项极其重要的工作。企业需要及时更新网站上的企业动态和产品信息，检查网站的各项功能是否稳定，确保其能为客户提供长效的满意服务。

二、产品策略

与传统营销相同，网络营销中的产品（简称"网络产品"）可以从五个层次来理解，形成产品的整体概念。其中每个层次都增加更多的用户价值，由此构成用户价值体系。网络营销活动中，可以根据产品自身特性，选择主要的若干层次作为重要诉求点。

（一）品牌策略

第一，按照品牌经营的原则，网络品牌的创建不能无的放矢，而必须建立在调查市场、了解消费者确有这方面需求的基础上。这意味着新品牌的设计与推广要直接针对明确的市场需求，不应该出现品牌开发出来却因缺少需求支持而胎死腹中的情况，这样就从根本上降低了网络品牌开发的风险和成本。

第二，一个品牌必须只能有一个独立、明确的品牌形象。这个形象要与产品的本质属性相一致，并且始终保持不变。网络品牌不能和原有品牌形象相冲突，好的网络品牌不仅便于明确品牌形象，还能提升品牌地位、扩大市场空间。比如海尔集团的品牌"Haier"本身在国内外就享有较高的声誉，因此，其网站www.haier.com自然就有了一个较好的基础。

第三，网络品牌是对原有品牌内涵的横向和纵向延伸。品牌的内涵已经延伸到售后服务、产品分销、与产品相关的信息与服务等多个方面。如加拿大亨氏公司（婴儿营养学的权威）以往为了建设亨氏产品的品牌，设立了800免费用户服务热线，支持赞助"宝贝俱乐部"等活动。实践之后，该公司逐渐通过网站（http://www.henzbaby.com）给用户提供丰富的婴幼儿营养学知识、营养配餐、父母须知等信息，开展网络营养知识的传播与营销。通过这样的沟通方式，使用户在学习为人父母、照顾婴幼儿等常识的同时，渐渐形成对亨氏品牌的忠诚度。这样，人们对亨氏品牌的理解就不仅局限于婴儿营养产品，而且还包含了丰富的营养学知识的内涵。

第四，通过网站的互动性来维持品牌忠诚度。与用户及时进行有效的沟通是提高品牌生命力、维系品牌忠诚度的重要环节。网站的交互特性为市场营销中的交流和沟通提供了方便有效的手段。一方面，用户可以通过在线方式直接将意见、建议反馈给经营者；另一方面，经营者可以通过对用户意见的及时答复获得用户的好感和信任，从而提高用户对品牌的忠诚度。

第五，利用包括传统手段在内的多种媒体渠道宣传网络品牌。新兴的电子商务网站，在利用网络广告进行品牌宣传时，也需要注意使用电视、杂志、报纸、户外等传统广告形式树立品牌形象，以使那些还没有接入因特网的用户在上网前就能接受他们宣传的品牌，同时也增强那些上网的用户在离线（off-line）状态下对品牌认知的程度。

第六，在传统企业进入网络经济环境后，为了在网络中取得竞争优势，必须制定一些特殊的品牌策略，必须使用户认识到在一个新的网站，他们同样能得到一个具有影响力的公司的产品与服务。新的网络品牌将具有更加广泛的包容性，并且还可与其他知名的企业共同建设新的网络品牌，形成一个新的网络品牌联盟。

（二）新产品策略

网络市场作为新兴市场，消费群体一般具有很强的好奇性和消费领导性，比较愿意尝试新的产品。因此，通过网络营销来推动新产品试销与上市，是比较好的策略和方式。但须注意的是，网上市场群体还有一定的局限性，目前的消费意向比较单一，所以并不是任何一种新产品都适合在网上试销和推广的。一般对于与技术相关的新产品，在网上试销和推广效果都比较理想。这种方式一方面可以比较有效地覆盖目标市场，另一方面可以利用网络与用户直接进行沟通和交互，有利于用户了解新产品的性能，还可以帮助企业对新产品进行改进。

利用互联网作为新产品营销渠道时，要注意新产品能满足用户的个性化需求的特性，即同一产品能针对网上市场不同用户需求生产出功能相同但又能满足个性需求的产品，这要求新产品在开发和设计时就要考虑到产品式样和用户需求的差异性。如 Dell 电脑公司在推出电脑新产品时，可以允许用户根据自己的需要自行设计和挑选配件来组装自己满意的产品，Dell 公司可以通过互联网直接将用户订单送给生产部门，生产部门根据个性化需求组装电脑。因此，网络营销产品的设计和开发要能体现产品的个性化特征，适合进行柔性化的大规模生产，否则再好概念的产品也很难在市场上让消费者满意。

（三）产品组合策略

网络的低成本、便捷高效为产品组合策略提供了更大的发挥空间。采用网络营销的企业，更容易将其销售的产品线加宽、加长、加深，而且紧紧围绕消费者的需求的更宽、更长、更深的产品组合，能为消费者提供更多好处，如降低搜寻成本、减少尝试使用中的心理负担、满足个性化需求等。企业则从中获得更多的销售额，获得更广泛的用户认同乃至忠诚。相应地，产品关联度则可能有两种情形，一种是综合性网络营销平台，以满足消费者多方面需求为目标，其产品关联度可以变得更低，如 Amazon 上的产品可以涉及吃、穿、住、用、行等多方面消费品；另一种是专业性网络营销企业，则需要有紧密的产品关联，如汽车销售网需要紧紧围绕用户购买汽车时所需要的产品，如坐垫、车内洁具、车灯等。

三、价格策略

价格对消费者的购买决策而言也是一个非常重要的因素，价格的合理与否会直接影响产品或服务的销路，因而价格策略也是市场营销活动中极为重要的一部分。网络的开放性和主动性为消费者理性的价格选择提供了可能，消费者可在全球范围内迅速收集到与购买决策有关的信息，对价格及产品进行充分的比较，因而在进行网络营销时，企业应特别重视价格策略的运用。

（一）低位定价策略

网上产品有着成本费用降低的基础，加之低位定价策略采用了成本加极少利润（甚至零利润）的方式定价，其产品的价格无疑会大大低于传统渠道的产品。在采用低位定价策略时应注意以下问题：客户对价格敏感而企业又难以降价的产品（如黄金首饰）不宜采用；客户对价格不敏感的新技术或时尚产品无须采用；应避免因网络低价策略而混乱传统营销渠道的现象。

（二）个性化定制生产定价策略

定制生产定价策略是在企业能实行定制生产的基础上，利用网络技术和辅助设计软件，帮助消费者选择配置或者自行设计能满足自己需求的个性化产品，同时使消费者承担愿意付出的价格成本。企业在实施个性化定制生产定价策略时还可以考虑开发智慧型网上议价系统和自动调价系统，根据客户的信用、购买数量、产品供需情形、后续购买机会等因素与消费者直接在网上协商价格，并根据季节变动、市场供需情况、竞争产品价格变动、促销活动等自动调整价格。

（三）使用定价策略

所谓使用定价，就是客户通过互联网注册后仅购买产品的使用许可权并根据使用次数付费。从企业方面来看，这种方式减少了为完全出售产品而进行的大量生产及包装，同时还可以吸引那些对该产品仅有使用需求的客户；从客户方面来看，这种方式避免了因购买产品而产生的支出和购买后保管的烦琐。一般来说，通过互联网传输可以实现远程调用的数字化产品比较适合采用该策略。

（四）免费价格策略

免费价格策略就是将企业的产品和服务以零价格形式提供给客户使用，满足客户的需求。免费价格策略是市场营销中常用的营销策略，也正符合互联网的免费原则和间接收益原则。在网络营销中，免费价格不仅仅是一种促销策略，还是一种非常有效的产品和服务定价策略。在网络营销中并不是所有产品都适合于免费价格策略。一般说来，免费产品具有易数字化、无形化、"零"制造成本、成长性、冲击性、存在间接收益等特点。免费价格形式有这样几类：一是产品和服务完全免费；二是对产品和服务实行限制免费；三是对产品和服务实行部分免费；四是对产品和服务实行捆绑式免费。

（五）拍卖定价策略

经济学认为，拍卖竞价最有利于合理市场价格的形成。网上拍卖由消费者通过互联网轮流公开竞价，在规定时间内价高者赢得。根据调查分析，由网上拍卖定价的产品并不比企业主导定价的产品获取的利润低。因此，拍卖定价是一种双赢的发展策略。根据供需关系，网上拍卖竞价方式还有竞价拍卖（逆拍卖）、集体议价等。

四、营销渠道策略

（一）网络营销渠道类型

1. 直接营销渠道

直接营销渠道，即网络直销，通过互联网实现的网络产品从生产者到消费者的零环节的网络渠道。在网络直销过程中，存在一些为网络企业提供中介服务的机构，如承担网络产品运输配送服务的专业配送公司，承担产品信息发布与网站建设的ISP和网络商务服务商。

2. 间接营销渠道

间接营销渠道是指网络企业通过信息中介商或者设备中心来沟通买卖双方的信息的网络渠道。在网络营销中，间接营销渠道中的中间环节只需要一个，不需要再拥有如一级批发商、二级批发商、零售商等多个中间环节。

3. 双渠道

双渠道是指网络企业为达到营销目标同时使用网络直接渠道和网络间接渠道作为其网络产品销售渠道。在以顾客需求为中心的市场营销环境下，通过两条渠道销售产品比通过一条渠道更容易实现"市场渗透"，故而成为网络生产企业进行网络营销的最佳策略。

（二）网络营销的影响因素

1. 产品特性

网络产品包括有形产品与无形产品。在选择网络营销渠道时要注意产品的特性，有形产品与部分无形产品必须以完善的物流部分作为辅助实现其空间流动；大多数的无形产品可以直接通过互联网进行远程传输。

2. 企业自身实力

企业的自身实力主要包括企业的资金实力和技术实力。企业自身实力的强弱决定了网络营销渠道的中间环节的个数，一般来说，网络企业技术与资金实力雄厚，开办自己的网站可以更好地为本企业服务，更适合选择网络直销；相反，网络企业如果实力不够，则利用网络中间商来开展业务更妥当些。

3. 目标市场

网络企业在设计网络营销渠道时需要充分考虑目标消费者的特性与需求。如果目标消费者与网络接触比较紧密，企业的产品信息通过网络可以及时到达目标受众，那么企业就应该充分利用网络渠道。

4. 渠道成员

网络企业若采用了间接网络营销渠道，在选择合适的中间环节时，必须要考虑成本、信用、覆盖与特色四个方面的因素。在成本因素中需要考虑中介商信息服务的支出；需要网络信息商所具有的信用程度的大小；网络宣传所能够波及的地区和人数，即网络站点所能影响的市场区域。

（三）网络营销渠道的完善

1. 完善网络渠道

从消费者角度去完善渠道，尽力做到网页界面设计精美、产品信息介绍详细、购物和联系方式明确等。网络企业只有采用让消费者放心、容易接受的方式网络渠道才有可能吸引消费者在网上购物，以克服网上购物的"虚"的感觉。

2. 完善订货系统

在这一过程中，订货系统的设计要简单明了，不要让消费者填写太多信息，而应该采用现在流行的"购物车"方式模拟超市，方便网上消费者在选择商品后采取购买行动。此外，订货系统还应该提供商品搜索和分类查找功能，提供相关产品信息，如性能、外形、品牌等重要信息，以便于消费者在最短时间内找到所需产品。

3. 完善结算系统

结算系统应考虑到目前实际发展状况，尽量提供多种方式供消费者选择，需要考虑网上结算的安全性。对于不安全的直接结算方式，应换成间接安全方式。

4. 完善配送系统

选择快速有效的配送服务系统是网络企业的重要组成部分。现阶段，我国配送体系还不成熟，网络企业在进行网上销售时需考虑该产品特性是否适合于目前的配送体系。

五、促销策略

（一）网络促销的形式

传统营销的促销形式主要有四种：广告、销售促进、宣传推广和人员推销。网络营销是在网上市场开展的促销活动，相应形式也有四种，分别是网络广告、站点推广、销售促进与公共关系、关系营销。其中网络广告和站点促销是网络营销促销的主要形式。

网络广告类型很多，根据形式的不同可以分为旗帜广告、电子邮件广告、电子杂志广告、新闻组广告、公告栏广告等。网络营销站点推广就是利用网络营销策略扩大站点的知名度，吸引网上用户访问网站，起到宣传和推广企业以及企业产品的效果。站点推广主要有两类方法，一类是通过改进网站内容和服务，吸引用户访问，起到推广效果；另一类是通过网络广告宣传推广站点。前一类方法，费用较低，而且容易稳定用户访问，但推广速度比较慢；后一类方法，可以在短时间内扩大站点知名度，但费用不菲。销售促进就是企业利用可以直接销售的网络营销站点，采用一些销售促进方法如价格折扣、有奖销售、拍卖销售等方式，宣传和推广产品。关系营销是通过借助互联网的交互功能吸引用户与企业保持密切关系，培养用户忠诚度，提高用户的收益率。

（二）网络促销的原则

1. 环境适应原则

由于互联网的存在，市场竞争在全球范围内进行，市场呈现出瞬息万变之势。精心制定好的营销计划，很可能在转眼间就成为一堆废纸。因此，对公司的促销策略及时进行调整，使其具备足够的弹性，以适应市场变化。

2. 网络可行性原则

促销计划的制定，必须能在网络上表达和实施。在传统营销中的现场促销气氛的营造，可能因为网络的无固定场所而难以在网络上实施，不宜采用，但对场所依赖性较弱的促销方式完全可以使用。

3. 创意多变原则

网络上的商品非常丰富，消费者的选择余地相当大，因此要想依靠单一的或固定的促销方式来吸引网络消费者的注意和购买有很大的难度，这就要求网络促销时根据外部和内部条件选择合适的促销策略组合，并且要有针对性地进行改变，用形式多样的创意方案刺激消费者的欲望。

（三）网络促销的实施

1. 确定网络促销目标

网络促销对象是针对可能在网络虚拟市场上产生购买行为的消费者群体提出来的。随着网络的迅速普及，这一群体也在不断膨胀。该群体主要包括三部分人员：产品的使用者、产品购买的决策者和产品购买的影响者。

2. 设计网络促销的信息内容

网络促销的最终目标是刺激消费欲望从而引起购买行为。而消费者的购买过程是一个复杂的、多阶段的过程，促销内容应当根据购买者目前所处的购买决策过程的不同阶段和产品所处的寿命周期的不同阶段来决定。

3. 选择网络促销组合方式

网络促销活动主要是通过网络广告促销和网络站点促销两种促销方法展开。但由于企业的产品种类不同，销售对象不同，促销方法与产品种类和销售对象之间将会产生多种网络促销的组合方式。企业应当根据网络广告促销和网络站点促销两种方法各自的特点和优势，根据自己产品的市场情况和用户情况，扬长避短，合理组合，以达到最佳的促销效果。网络广告促销主要实施"推战略"，其主要功能是将企业的产品推向市场，获得广大消费者的认可。网络站点促销主要实施"拉"战略，其主要功能是将用户牢牢地吸引过来，从而保持稳定的市场份额。

4. 制定网络促销预算方案

在网络促销实施过程中，使企业感到最困难的是预算方案的制订。在互联网上促销，对于任何人来说都是一个新问题。所有的价格、条件都需要在实践中不断学习、比较和体会，不断地总结经验。只有这样，才有可能用有限的精力和有限的资金收到尽可能好的效果，做到事半功倍。首先，必须明确网上促销的方法及组合；其次，需要确定网络促销的目标；最后，需要明确希望影响的是哪个群体，哪个阶层，是国外的还是国内的。

5. 衡量与评价网络促销效果

网络促销的实施过程到了这一阶段，必须对已经执行的促销内容进行评价，衡量一下促销的实际效果是否达到了预期的促销目标。如果达到，则进入其他营销活动，如果目标未实现，则要分析存在的问题和原因，总结经验教训为此后的促销及其他营销活动提供借鉴。

第三节 网络营销的推广

网络营销中一项必不可少的内容便是推广，其中最为主要的推广方式便是广告。因此，本节主要对网络营销推广，尤其是其中的广告推广进行了详细的论述。

一、网络营销推广方式概述

（一）基于传统媒体的推广方式概述

人们的多数时间是在"离线世界"度过的，因此企业应该学会如何在离线世界宣传自己的网站。企业对其网站的推广，最直接的方式就是利用电视、广播、报纸、杂志、商家的印刷品、户外广告等传统媒体来宣传企业的网站（网址）。

1. 电视、广播

电视和广播拥有最多的受众，理应成为网站广告宣传的重要方式。企业可以根据需要在收视率高的专题节目中显示或介绍企业的网址和网页。

2. 户外广告

户外广告如路牌、灯箱、报刊亭、售货亭、地铁车厢、公交车体广告等，能够以较高的公众曝光率吸引受众视线，提升网站在受众心目中的地位。

3. 报纸、杂志

著名的IT报纸、电子商务杂志和其他相关行业的出版物，几乎都有关于网站的报道、介绍和大量广告，这些是企业宣传网站和网址的有效媒体，这也是目前使用传统方式宣传网站和网址最主要的途径之一。

4. 公司印刷品

在所有对外宣传手册、产品包装、说明书、办公用信笺纸、名片、办公场所等需要标示企业商标、地址、联络方式的地方加上企业的WWW网址，可以让客户在记住公司名称的同时，有意或无意地看到企业的网址和电子邮件地址。公司印刷品是一种不需要额外增加广告费的宣传方式。

（二）网络推广方法概述

1. 域名策略

域名被誉为网络时代的"环球商标"，在网络营销中起到企业标识的作用。一个好的域名会大大增加企业在互联网上的知名度，因此中小企业建设营销型网站的第一步便是给网站选取一个好的域名。域名应该简洁、明了、好记、含义深刻，最好让人看一眼就能记住，而且读起来发音清晰，不会导致拼写错误。同时域名要有一定的内涵和意义，用有一定意义和内涵的词或词组作域名，不但容易记住，而且有助于实现企业的营销目标。例如企业的名称、产品名称、商标名、品牌名等都是不错的选择，让目标客户看到域名就会联想到企业经营的产品、所在的行业和地区，企业在无形中便迈出了网络营销成功的第一步。

2. 基于搜索引擎的网站推广方式

通过搜索引擎来推广网站，可以采用以下3种方式：

第一，搜索引擎注册。其又称为"搜索引擎加注""搜索引擎登录""提交搜索引擎"等，指的是将网站的基本信息尤其是URL（网址）提交给搜索引擎，使访问者在搜索引擎中进行模糊查询即可找到该网站或网页。它是最经典、最常用的网站推广方式和企业重要的营销技巧。

第二，购买搜索引擎竞价排名。竞价排名是搜索引擎关键词广告的一种形式，是按照广告主支付的每次点击价格由高到低的原则，对购买了同一关键词的网站在搜索结果中进行排名的一种方式。

第三，针对搜索引擎的网站优化。其包括标题优化、meta标签优化、图片和网页大小优化、友情链接优化、网站地图优化以及让前台页面"静"下来等。

3. 客户良好体验策略

搜索引擎优化不能只考虑在搜索结果中的排名，更重要的是要考虑客户体验：为用户获取信息和服务提供方便。搜索引擎优化的最终目标是为了用户，如何把用户变成客户，如何通过网站获得商业机会，提高产品销售额和品牌知名度等是中小企业营销型网站必须考虑的重要问题，而客户体验是一个无法量化的指标，必须对不同的用户群进行分析：

第一，标准化的布局结构。网站结构宜用DIV代替传统的表格布局，严格按照W3C国际标准开发。由于DIV＋CSS代码与表现方式分离，HTML页面里基本只有文字或图片信息，样式则放在CSS里面，使得页面关键词更集中、密度和相关性更高，同时相对于表格布局来说更加精简，更不存在"表格嵌套"问题。采用这种结构一方面便于搜索引擎蜘蛛程序搜索，提高网站的收录、排名；另一方面代码简洁、下载速度快、兼容性强，为用户节省时间，带来良好体验。

第二，人性化的导航。网站导航犹如在网上航行的指南针，其重要性不言而喻。网络导航应始终站在浏览者的角度去考虑，每个页面导航应该在固定的区域，网站栏目设置合理，导航设计清晰明了，网站操作流程简单，让访问者能以最快的速度获得自己所需要的信息或服务。

第三，丰富的网站内容。网站的核心是内容。丰富、原创的网站内容既可增加搜索引擎的收录概率，又可帮助客户解决问题，打消疑虑，认同企业的产品和质量。

二、网络营销广告

（一）网络广告的特点

1. 交互性强

以互联网为传播媒体的网络广告可实现发送者与接受者之间即时双向的沟通，改变了传统广告单向传播和非交互性的状况，消除了信息相互隔离、有时差的弊端，这种变革带来了两方面的优势：其一，发送者可根据接受者需求的变化及时调整所发布的信息，能够更好地满足受众的需求。随着双方互动层次的深入，相互的依赖性愈强，导致市场进一步细分，最终会形成企业和顾客之间"一对一"的营销关系；其二，形成了"拉(pull)"式沟通方法。网络的交互性实现了受众自主选择所期望接受的信息，并可以通过自主查询进行纵深了解，这种自主性提高了受众的主动性，从而改变了传统广告"推(push)"式的灌输传播。

2. 快捷便利

网络广告的制作过程短、传播速度快。网络广告的查询十分便捷，受众通过关键词点击即可被引导至广告内容中，并由此一步一步地获得更多具体的信息。与传统广告相比，网络广告的传播与沟通效率大大提高。

3. 丰富性

网络广告可以将文字、图像、声音等内容表现形式与三维空间、虚拟现实等技术手段有机地整合在一起。这种丰富的内容与展现方式，通过互联网和现代通信技术等高科技传输渠道的传播，大大增强了网络广告的感染力，吸引着越来越多的受众接受这种新的广告模式。另外，网络广告不受时空、版面、价格等的限制，可以传递大量详细的产品及品牌信息。因此，网络中的各种商业信息的需求者都可以从广告中获取其所需的信息。而对于习惯于搜集信息、分析信息最后做出决策的理想消费者，广告的丰富性将成为其购买决策的关键因素。

4. 广泛性

网络广告不受时间、空间的局限，传播范围优于传统广告。一方面，从技术上说，网络广告可以迅捷地、全天候不间断地传播给互联网所覆盖的国家和所有目标受众；另一方面，网络广告所承载的信息量比传统媒体大，正是这种信息的高度密集性，可以大容量地、动态地表达创意或广告主题，不仅大大降低了受众对广告的抵触情绪，而且还会使受众产生一些新鲜感，容易得到受众的认可。

5. 定向性

广告发布者可以通过分析网络用户的上网行为，识别需求用户所在的方位，按广告主的要求，根据用户的偏好、使用习性、地理位置、访问历史等信息，将广告有针对性地向目标受众投放。因此，有人将那些有精确内容定向的网络广告称为"窄告(narrow ads)"。除这种方式外，常见的运作方式还有：由多家出售网络广告服务商或代理商将广告有选择地分别投放到不同网站或直接投放到与广告内容相关的网络媒体的文章周围。更精细的定向性广告可以实现因人而异，即在同一时间、同一个页面展示不同的广告。

6. 性价比高

从广告的投资回报率来看，网络广告与报纸杂志、广播电视等传统媒体广告相比，优势十分明显。近年来，高露洁一直通过印刷品、电视和在线广告来宣传他们的全效牙膏产品。为检验不同媒体上广告投放所带来的利润，高露洁采用了这样的测试方法：分配7%的媒体资金给网络广告，消费者的购买欲增加了3.8%，比仅用电视和印刷品广告的计划提高了9%；然后将分配给网络广告的媒体资金提高到11%，消费者的购买欲增加了4.3%，比仅用电视和印刷品广告的计划提高了20%；而且，公司在不增加任何附加资金的情况下，获得了明显的品牌提升。按该公司的测算，用电视广告和网络广告组合的方式说服消费者购买比仅用电视广告方式说服消费者购买要节约23%的成本。比如，通过ROI评估分析，高露洁认为，对于公司的多渠道商业活动而言，重新对网络广告进行市场资金分配，在驱动消费者购买欲和增强核心品牌上将更加划算。于是高露洁决定在网络广告上加大投入。

（二）网络广告的形式

1. 网站广告

网站本身就是网络广告的一种形式。很多企业建立自己的网站的直接目的其实就是宣传企业及其产品或者告知能够提供哪些服务。但是，随着商业网站的增多，仅仅建立网站是远远不够的。对大多数网站而言，消费者不知道它们的网址，更谈不上主动去访问这些网站。有些网站只是提供一些有限的信息，不能实时提供具有深度的企业有关信息。对于大多数企业而言，比较复杂的所谓"酷网"也因为开销太大而根本无法建立，只有少数企业能够使用。

除了网站以外，博客本身也是一种广告，企业员工通过撰写博客也可以进行企业产品和品牌的推广，而且是柔性的，效果往往比较好。

2. 网页广告

第一，横幅广告（Banner）。这是目前网上最常见的广告形式。它是以GIF、JPG等格式建立的图像文件（用Java等语言还可使其产生交互性），尺寸一般较大，经常出现于页面上方首要位置或底部中央，多用来作为提示性广告（显示一句话或一个标题），浏览者可点击进入以了解更多信息，如图2-1所示。

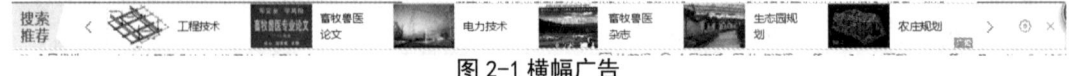

图2-1 横幅广告

第二，按钮型广告（Button）。其又称为图标广告，与横幅式广告大体无异，只是尺寸较小，其常用尺寸为125×125、120×90、120×60、88×31像素等。图标广告由于尺寸偏小，故表现手法比较简单，多用作纯提示性广告，只显示一个标志性图案（如商标），没有标语也没有正文，所以吸引力稍差一些，如图2-2所示。

图 2-2 按钮广告

第三，弹出式广告。广告主选择合适的网站或栏目，在该网站或栏目出现之前插入幅面略小的新窗口显示广告。这种广告带有一定强迫性，除非能引起人们极大的兴趣，否则一般都不太受网民欢迎，如图 2-3 所示。

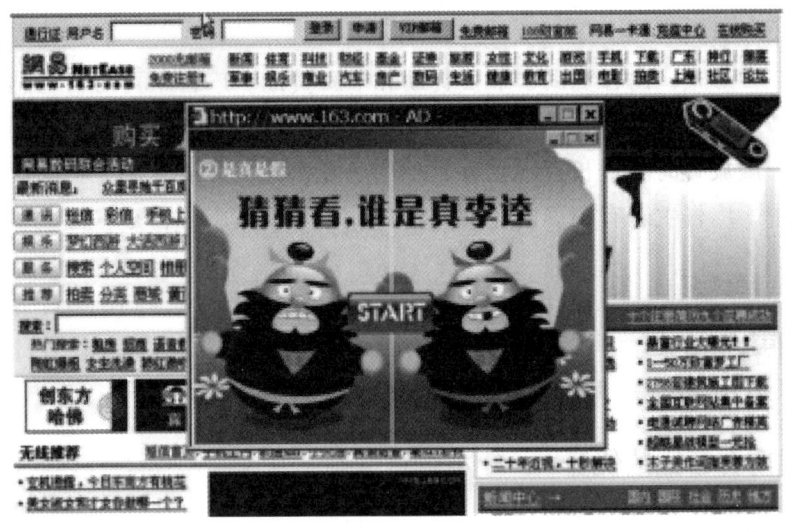

图 2-3 网易弹出式广告

第四，文字链接广告。文字链接广告其实和按钮广告相似，只不过它是以文字方式出现，而不是以图标方式出现。文字链接广告的最大特点是节省页面空间，可以在有限的页面空间上排列更多的广告，如图 2-4 所示。

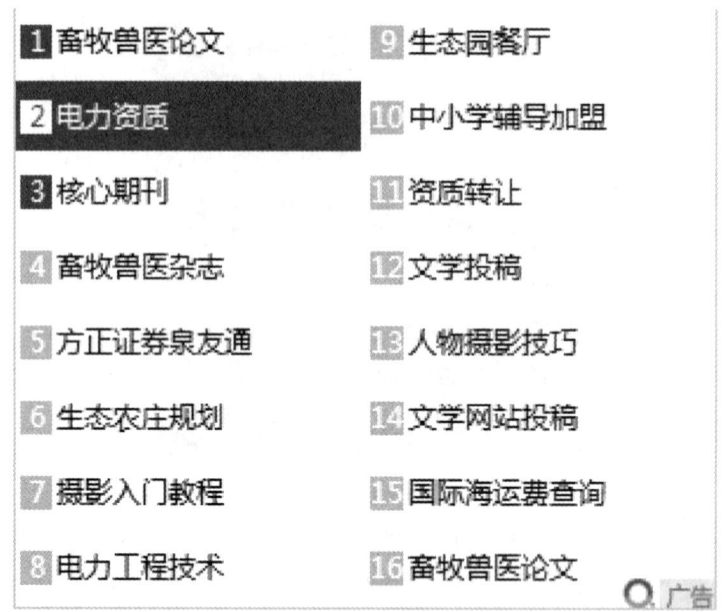

图 2-4 文字链接广告

3. 赞助广告

赞助有三种形式：内容赞助、节目赞助和节日赞助。广告主可对自己感兴趣的网站内容或网站节目进行赞助或在特别时期（如澳门回归、世界杯）赞助网站的推广活动。赞助式广告一般放置时间较长且无须和其他广告轮流滚动，故有利于扩大页面知名度。在产品宣传中，广告主若有明确的品牌宣传目标，赞助式广告将是一种成本低廉而颇有成效的选择。

三、博客营销

（一）博客营销的优势

1. 成本优势

第一，可以直接带来潜在用户，降低用户开发成本。企业博客有价值的内容会吸引大量潜在用户浏览，从而达到向潜在用户传递营销信息的目的。用这种方式开展网络营销，是博客在企业应用中的基本形式，也是企业利用博客进行推广的直接优势表现。

首先，企业如果把博客内容发布在博客托管网站上，如博客网（www.Bokee.com）等，这些网站往往拥有大量的用户群体，有价值的博客内容会吸引大量潜在用户浏览，可以增加用户通过搜索引擎发现企业信息的机会，从而达到向潜在用户传递营销信息的目的。其次，博客网站也是增加企业网站链接的一种有效途径，无须再花费大量时间联系其他网站进行链接，尤其是当自己的网站访问量较低时，往往很难找到有价值的网站给自己链接，而通过在博客网站上发布文章为自己的网站做链接则是顺理成章的事情。这种博客网站链接不仅降低了网站推广费用，还降低了用户开发成本。

第二，可以替代部分广告投入，减少直接广告费用。企业博客在一定程度上可以与企业的广告宣传形成互补，从而节省广告费用支出。由于博客在技术上很好地融合了搜索引擎，企业不需要在博客中频繁投放广告。企业在博客中投放的相关企业信息、产品信息等，在被搜索引擎收录时所带来的免费宣传效果可以减少企业的广告开支，从而成为企业宣传产品或形象的又一有效途径。

此外，博客在对用户进行市场调查和行为研究以及进行用户关系管理等方面都具有成本优势。

2. 沟通优势

第一，有助于企业内部沟通。企业可以通过博客来进行内部管理，实现营销部门与最高管理层、财会、生产、人事等部门之间充分的沟通与交流，这样就可以更为有效地整合企业各个部门的力量来实现企业经营目标。

第二，有助于营销传播活动的开展。在传统的营销方式里，营销传播活动的信息一般都是从信源（企业）到信宿（消费者）的单向流动，这种沟通对营销主体来说是占据了主动性，但缺少了针对性，从而使广告达不到应有的效果。而博客营销可以精准地分析消费者的行为，具有较好的针对性，营销效果也会更好。

3. 公关优势

第一，塑造企业良好的公众形象。传播学理论告诉我们，通过意见领袖或者公关媒体的公共关系影响力传播，能起到很好的传播和营销效果。博客容易让人信任，它作为个性化的社会媒体，更加容易影响互相关联的社会群体，它所具有的个性化色彩很强的特点，也可以帮助企业在营销传播活动中树立企业的个性化形象。

第二，累积媒体资产。企业的营销传播活动需要通过一定的媒体来进行，而博客这种新型媒体一般是就某个方面的问题发表自己的意见和见解，也正是这样，使得博客内容在搜索引擎中的排序靠前而引起媒体更多的关注。

4. 危机管理优势

博客本质上是一种新型的沟通工具，当企业遇到危机时，博客可以成为有效的沟通工具，使企业能够和公众进行及时的一对一互动，消除负面情绪，化解危机。

（二）博客营销的应用策略

1. 协调个人观点与企业立场之间的分歧

博客信息的主体是个人，博客在介绍本人的职务、工作经历、对某些热门话题的评论等信息的同时对企业也发挥了一定的宣传作用，尤其是在某领域有一定影响力的人物，所发布的文章更容易引起关注，通过个人博客文章内容提供读者了解企业信息的机会。如果所有的文章都代表公司的官方观点，类似于企业新闻或者公关文章，那么博客文章显然会失去了个性特色，这样也很难获得读者的关注，从而失去了信息传播的意义。如果博客文章中只是代表个人观点，与公司立场不一致，那么就有可能会损害公司的利益。因而，企业应该培养一些有思想和表现欲的员工进行写作，文章写完以后首先在企业内部进行传阅测试，然后再发布在一些博客社区中。

2. 制订博客营销计划并精心安排博客内容

企业有了博客网站，还必须制订一个中长期博客营销计划，计划的主要内容包括从事博客写作的人员计划、每个人的写作领域选择、博客文章的发布周期等。由于博客写作内容有较大的灵活性和随意性，因此博客营销计划实际上并不是一个严格的"企业营销文章发布时刻表"，而是从一个较长时期来评价博客营销工作的一个参考。因而进行精心的编辑，将优秀的内容、行业新闻信息、行业发展动态、行业最新研究动向、企业研究课题成果等同行或用户关心的内容进行分类和组合，使企业博客成为一个优秀的信息平台。这样就会吸引同行或用户来访问，并不断扩大影响力，从而达到营销传播的目的。

3. 创建良好的博客环境

利用博客进行企业信息传播需要一个长期的、日积月累的过程，如果偶尔发表几篇企业新闻或者博客文章，很难发挥其长久的作用。因此，如果真正地将博客营销纳入企业营销战略体系中，企业就需要创建良好的博客环境、采用合理的激励机制是博客营销良性发展的必要条件。为了激发企业员工的写作热情，可以开展一些与企业有关的体育和娱乐活动，将个人兴趣与工作相结合，让博客文章成为工作内容的延伸，鼓励企业员工在正常工作之外的个人活动中坚持发布有益于公司的博客文章，这样经过一段时间的积累，将会有比较丰富的信息，企业在网上的记录多了，被用户发现的机会也会大大增加。

4. 综合利用博客资源和其他营销资源

整合营销又称"整合营销传播"，即通过企业与消费者的沟通满足消费者需要的价值为取向，确定企业统一的促销策略，协调使用各种不同的传播手段，发挥不同传播工具的优势，从而使企业的促销宣传实现低成本策略化，与高强冲击力的要求，形成促销高潮。其中博客营销并非独立的，只是企业营销活动的一个组成部分，企业应将博客文章内容与企业网站的内容策略和其他媒体资源相结合，使之形成良好互动反应。

四、搜索引擎营销

搜索引擎(Search Engines)是对互联网上的信息资源进行搜集整理，然后供用户查询的系统。在Internet上有上百亿可用的公共Web页面，即使是最狂热的冲浪者也不会访问到所有的页面，而只能看到其中的一小部分，更不会在这浩瀚的Web海洋中发现一般企业那即使精彩却渺小的一隅。搜索引擎是一个为人们提供信息"检索"服务的网站，它使用某些程序把因特网上的所有信息归类以帮助人们在茫茫网海中搜寻到所需要的信息。

搜索引擎现在已成为网民获取信息的必备工具，只需输入几个关键词，搜索引擎会将散落在世界各个角落的资讯汇集到用户眼前。它在网络营销中的作用更是显而易见的。以登录搜索引擎为主要手段的网络营销并仅仅是个概念而已，实践证明它的确能为企业的发展带来莫大的效益。

（一）搜索引擎营销的原因

1. 潜在顾客会使用搜索

推行搜索引擎营销最根本的原因之一是搜索者会购买产品：33%的搜索者在进行购物，并且44%的网民利用搜索站点来为购物做调研。如果你公司的网站没有被列在最前面的几个搜索结果里面，那就意味着你已经不在顾客的备选之列；如果没有被列入备选名单，你就根本没有机会推销你的产品。就算你网站的目的不是做在线销售，顾客也必须能够找到网站，以便了解你们的产品、下载信息或是找到零售店的地址。搜索者比起随便点击广告条的那些人，是更为合格的访问者，所以吸引搜索访问者绝对是件值得去做的事情。

2. 搜索引擎营销的成本低效率高

欧洲市场营销人员指出他们为付费搜索产生的每次点击付出约2欧元，55%的人认为是"比较便宜"。实际上，在所有营销手段中，搜索引擎营销产生的每个有效反馈的成本最低。

3. 搜索引擎营销是一种趋势

美国投资银行Piper Jaffray的最新报告指出，2015年的全球付费搜索引擎营销市场规模达到200亿美元，2016年增长41%，超过140亿美元。下一个5年，估计付费搜索市场的年增长率为37%，到2020年将达到480亿美元。搜索引擎营销的增长已经成为全球的趋势。中国搜索引擎营销市场的增长率在近几年中更是都超过了100%。

（二）搜索引擎营销的策略

1. 确定是否采用搜索引擎营销方法

消费者在决策的时候并不是总会进行外部信息搜索，一般来说，消费者主要根据产品和服务的类型、特征，确定是否采用搜索引擎营销方法。消费者需要购买的商品越复杂价值越高，消费者进行外部信息搜索的可能性也越大。因此，并不是所有的产品或服务都适合采用搜索引擎营销，企业要根据不同的产品与服务的特征，确定该商品或服务是否需要采用搜索引擎营销。举个例子来说，消费者搜索电脑的概率就比搜索牙膏的概率大很多。据Yahoo的统计，在2006年4月份消费者搜索"computer"的次数为2309912次，而搜索"toothpaste"的次数只有8902次。

2. 明确搜索引擎营销所要达到的目标

通常说来，企业实施搜索引擎营销是希望达到创造新用户、吸引消费者注意力、提供信息这三个目标中的一个或多个，不同的营销目标对于搜索引擎营销各环节的要求都会有所不同。企业首先需要确定营销的目标，然后对网站的结构、内容、风格等方面进行与目标相适应的优化。对于进行在线销售的网站，要重点保证交易过程的便捷性和安全性；为了吸引新用户，更需要为潜在的消费者提供尽可能丰富详尽的信息。

3. 选择合适的搜索引擎服务商

在明确了营销目标的基础上，企业应该选取最具公信力的搜索引擎服务商，并在广告词中出现目标用户感兴趣的信息，选取有效的方式吸引用户，采取合适的广告风格，以达到预期的营销效果。

第三章　电子商务总论

随着科技的发展和互联网的普及，普通百姓的生活也在不断地发生着改变，过去要出门购买的东西，现在只需要在网上动动鼠标就能买到；以前要去什么部门办的手续，现在同样可以在网络上快速轻松地完成。网络不仅改变着我们的生活方式，也同样改变着各个行业。本章主要对电子商务的一些理论知识进行了概述。

第一节　电子商务的基本概述

兴起于 20 世纪 90 年代的电子商务是一种崭新的企业经营方式，它的应用改变了企业的经营方式和市场环境，被认为是 Internet 的第二次革命，而且将成为 21 世纪人类信息经济的核心。它通过改变人们的购物方式，由此引起企业的管理模式、生产流程和组织结构的变革，并对政府职能、法律制度和文化教育产生巨大的影响和冲击。

一、电子商务的概念

（一）电子商务的含义

1. 国际组织对电子商务的定义

国际商会认为：电子商务是指对整个贸易活动实现电子化。从涵盖范围方面可以定义为：交易各方以电子交易方式而不是通过当面交换或直接面谈方式进行的任何形式的商业交易；从技术方面可以定义为：电子商务是一种多技术的集合体，包括交换数据、获得数据以及自动捕获数据等。

经合组织认为：电子商务是发生在开放式网络上的，包含企业间、企业和消费者间的商务交易。电子商务是利用电子化手段从事的商业活动，它基于电子处理和信息技术，如文本、声音和图像等数据传输，其主要是遵循 TCP/IP 协议，按照通信传输标准，Web 信息交换标准，提供安全保密技术。

全球信息基础设施委员会（GIIC）电子商务工作委员会认为：电子商务是运用电子通信手段进行的经济活动，包含对产品和服务的宣传、购买及结算。

欧洲经济委员会认为：电子商务是各参与方之间以电子方式而不是以物理交换或直接

物理接触方式完成任何形式的业务交易。

世界贸易组织认为：电子商务是通过电子方式进行货物和服务的生产、销售、买卖及传递。

2. 政府部门对电子商务的定义

欧洲议会关于电子商务给出的定义是：电子商务是通过电子方式进行的商务活动。它通过电子方式处理和传递数据，包括文本、声音和图像。它涉及许多方面的活动，包括货物电子贸易和服务、在线数据传递、电子资金划拨、电子证券交易、电子货运单证、商业拍卖、合作设计和工程、在线资料、公共产品获得。它包括了产品和服务、传统活动和新型活动。

美国政府在其《全球电子商务纲要》中比较笼统地指出：电子商务是通过 Internet 进行的各项商务活动，包括广告、交易、支付、服务等活动，全球电子商务也将会涉及全球各国。

3. 专家学者对电子商务的定义

美国学者瑞维、卡拉科塔和安德鲁·B. 惠斯顿在他们的专著《电子商务的前沿》中提出：广义地讲，电子商务是一种现代商业方法，这种方法通过改善产品和服务质量，提高服务传递速度，满足政府组织、厂商和消费者降低成本的需求。

中国专家王可从过程角度将电子商务定义为"在计算机与通信网络基础上，利用电子工具实现商业交换和行政企业的全过程"。

电子商务专家杨坚争认为：电子商务指交易当事人或参与人利用现代信息技术和计算机网络（主要是因特网）所进行的各类商业活动，包括货物贸易、服务贸易和知识产权贸易。

4. 关于电子商务的进一步探讨

广义的电子商务指利用信息技术、网络互联网和现代通信技术使得商业活动涉及的各方当事人（如企业、消费者、政府）借助电子方式联系，无须依靠纸面文件完成单据的传输，从而进行各种商务活动，实现商品和服务交易以及交易管理等活动的全过程电子化。简单地说，电子商务就是利用计算机网络进行的各项商务活动，它的实质是一套完整的网络商务经营思想及管理信息系统。

狭义的电子商务单指电子贸易，主要是指借助计算机网络从事的各种商务活动。它的主要内容包括电子商情广告、电子选购和交易、电子交易凭证、电子支付与结算等。

综上所述，我们认为：电子商务通常是指在全球各地广泛的商业贸易活动中，各种具有商业活动能力和需求的社会实体（如：企业、消费者、金融机构、政府组织等）采用计算机网络和各种数字化媒体技术等电子方式，遵循规范有序的市场原则，实现商品交易和服务交易的一种新型贸易方式。

（二）电子商务的内涵

1. 电子商务的前提是商务信息数字化

电子商务是应用现代信息技术在互联网络上进行的商务活动，应用的前提是完善的现代通信网络和信息化技术,而这一技术是对自然信息和人类信息进行采集、存储、加工处理、分发和传输的工具。因此,没有现代信息技术及网络技术的产生和发展就不可能有电子商务,要开展电子商务就必须使商务信息数字化。

2. 电子商务的核心是人

首先,电子商务是一个社会系统,而社会系统的中心必然是人;其次,商务系统实际上是由围绕商品贸易的各个方面和代表着自身利益的人所组成的关系网;最后,在电子商务活动中,虽然我们充分强调工具的作用,但起关键作用的还是人。这是因为工具的制造发明、工具的使用以及工具使用的效果无论如何都要靠人来实现的,所以我们强调人在电子商务中的决定性作用。由于电子商务是信息现代化与商务贸易的有机结合,因此能够掌握并运用电子商务理论与技术的人必然是掌握现代信息技术、掌握现代商务贸易理论与实务的复合型人才。

3. 电子商务的工具必须是现代化的

从广义的电子商务来讲,凡是应用电子工具,如电报、电话等从事商务活动就可以被称为电子商务。但是狭义的电子商务是指具有很强时代烙印的高效率、低成本、高效益的电子商务。这里所说的电子商务使用的电子工具就不是一般泛泛而言的电子工具,它离不开网络,要想提高电子商务的效果和效率,就必须从商品需求咨询、商品配送、商品订货、商品买卖、货款结算到商品售后服务等伴随商品生产、消费,甚至再生产的全过程使用先进电子工具。如电报、电话、电传、电视、电子数据交换(EDI,Electronic Data Interchange)、电子订货系统(EOS,Electronic Ordering System)、销售点(POS,Point of Sale)、管理信息系统(MIS,Management Information System)、决策支持系统(DSS,Decision Support System)、电子货币、电子商品配送系统、售后服务系统等。

二、电子商务的功能

电子商务可提供网上交易和管理等商务活动全过程的服务。因此,它具有企业业务组织、信息发布与广告宣传、咨询洽谈、网上订购、网上支付、网上金融与电子账户、信息服务传递、意见征询和调查统计、交易管理等各项功能。

(一)企业业务组织

电子商务是一种基于信息的商业进程,在这一进程中,企业内外的大量业务被重组,整个企业更有效地运作。企业对外通过 Internet 加强了与合作伙伴之间的联系,打开了面向客户的窗口;对内则通过 Intranet 提高业务管理的集成化和自动化水平,以实现高效、快速和方便的业务活动流程。

(二)信息发布与广告宣传

电子商务可凭借企业的 Web 服务器来发布 Web 站点,在 Internet 上发布各类商业信息和企业信息，以供客户浏览。客户可借助网上的搜索引擎工具迅速地找到所需商品信息，而商家则可利用网上主页和电子邮件在全球范围内做广告宣传。与以往的各类广告相比，网上的广告成本最为低廉，宣传范围覆盖全球，同时能给顾客提供最为丰富的信息。

（三）咨询洽谈

在电子商务活动中，顾客可以借助非实时的电子邮件（E-mail）、新闻组（News Group）和实时的论坛（BBS）来了解市场和商品信息，洽谈交易事务，如有进一步的需求，还可用网上的交互平台来交流即时的图文信息。网上的咨询和洽谈能超越人们面对面洽谈的限制，提供多种方便的异地交谈形式，甚至可以在网络中传输实时的图片和视频片段，产生如同面对面交谈的感觉。

（四）网上订购

网上订购通常都是在产品介绍的页面上提供十分友好的订购提示信息和订购单。当客户填完订购单后，系统会通过发送电子邮件或其他方式通知客户确认订购信息。通常，订购信息会采用加密的方式来传递和保存，以保证客户和商家的商业信息不会泄露。

（五）网上支付

对于一个完整的电子商务过程，网上支付是必不可少的一个重要环节。客户和商家之间可采用电子货币、电子支票、信用卡等系统来完成支付，网上支付比起传统的支付手段更为高效和方便，可节省交易过程中许多人员的开销。不过，由于网上支付涉及机密的商业信息，所以要对其需要的可靠信息传输提供安全性保障，以防止欺骗、窃听、冒用等非法行为出现。

（六）网上金融与电子账户

网上的支付需要电子金融来支持，即银行或信用卡公司以及保险公司等金融机构为客户提供可在网上操作的金融服务，而电子账户管理是其基本的组成部分，信用卡号或银行账号都是电子账户的一种标志，而其可信度需配合必要的技术措施来保证，如数字凭证、数字签名、加密等手段的应用，为电子账户操作提供了可靠的安全保障。

（七）信息服务传递

交易过程中的信息服务传递，如订货信息、支付信息、物流配送信息等均可通过各种网络服务来实现。另外，信息是交易商品的一种形式，如软件、电子读物、信息服务等，可直接通过网络传递到客户手中。

三、电子商务的特点

电子商务不能仅仅被理解为是技术问题。技术的进步固然为商业的发展和转型创造了更多条件，但是，新兴的现代信息技术，只有靠商业领域的实施才能发挥其应有的作用。特别是每次技术的突破都会带来巨大的商机。电子商务已经基本突破了技术屏障，对其存在实际意义的考察应该更多地从商业运作和商业转型的角度去分析。作为一个依赖于互联网且发展历史不太长的事物，电子商务的出现给社会带来了巨大的变化，这与它自身的一些特点是分不开的。与传统的商务活动比较，电子商务独有的特点体现在以下几个方面。

（一）交易虚拟化

这里的虚拟是指整个贸易过程中，交易双方完全在网络和计算机组成的虚拟环境下完成。从贸易磋商、签订合同到货款支付，都是通过以 Internet 为代表的计算机互联网络进行的。对卖方来讲，可以通过网站来实现产品和服务信息发布、市场营销、网上交易、电子支付、售后服务以及信息反馈；对买方来讲，可以通过网络寻求合作伙伴、进行网上交易等。比如：在当当网（www.dangdang.com）上买一本书，从查找书的相关信息，下订单，到用网上银行支付书款都是直接通过网络完成的。

（二）交易成本低

互联网是国际性的开放性网络，使用费用非常低廉，特别是对于中小企业来讲，电子商务极大地提高了它们的竞争力。与传统贸易相比，电子商务具有以下优势：距离越远，网络传输信息成本的低廉性就越明显；存储在计算机内部的信息可以反复使用和修改，减少了信息的发布成本；互联网络使无纸贸易成为可能，大约可以减少90%的文件处理费用；互联网络也是产品营销的渠道，极大地降低了传统营销的费用；买卖双方可以直接交易，减少了中间环节的费用；买卖双方信息的及时沟通使无库存生产和消费成为可能。此外，电子商务还可以使企业实现无店铺销售。

（三）交易效率高

电子商务克服了传统贸易方式费用高、易出错、处理速度慢的单证传递缺点，将贸易中的单证文件标准化，使商务文件能够在全球范围内进行快速传递并由计算机自动处理，将原料采购、商品需求、商品销售、银行汇兑、保险、货物托运以及申报等过程在无人干预的情况下，用最短的时间完成。

（四）交易透明化

买卖双方交易的洽谈、签约、货款的支付以及交货通知等过程都在网络上进行。通畅、快捷的信息传输可以保证各种信息之间互相核对，使交易更加透明。

（五）交易安全性

目前，电子商务的安全性主要通过技术手段和安全电子交易协议标准来保证。安全技术包括加密机制、签名机制、分布式安全管理、存取控制、防火墙、安全万维网服务器、防病毒保护等。安全电子交易协议标准比较多，符合国际标准的主要有安全套接层（SSL）协议和安全电子交易（SET）协议。采用这些已有的实用技术和协议标准可以为企业和个人建立一个安全、可靠的电子商务环境。

四、电子商务的分类

（一）按电子商务的交易对象分类

电子商务从交易对象双方和实质内容上进行划分，本书提出一个通用公式为：XtoX（一些书籍表示为X2X），其中to左边的X一般为卖方，to右边的X一半表示买方，to表示电子商务买卖双方的关系。电子商务根据交易双方是企业家或商家（Business）、消费者或个人客户（Individual Customers）、政府（Government）和各国之间的对应关系对电子商务进行划分，是最基本的电子商务分类。大致可以分为以下9种：BtoB、BtoC、BtoG、CtoB、CtoC、CtoG、GtoB、GtoC、GtoG，具体如表3-1表所示。

表3-1 电子商务按交易对象分类

电子商务交易对象	企业或商家（Business）	消费者或个人客户（Customer）	政府（Government）
企业或商家（Business）	BtoB	CtoB	GtoB
消费者或个人客户（Customer）	BtoC	CtoC	GtoC
政府（Government）	BtoG	CtoG	GtoG

1. 企业对企业的电子商务

企业对企业的电子商务，也称为商家对商家或商业机构对商业机构的电子商务。它是指商业机构（或企业、公司）使用Internet或各种商务网络向供应商（企业或公司）订货、接收发票和付款。任何企业都可以利用电子技术和电子数据交换（EDI）技术，将企业的主要商务处理过程或交易业务过程连接起来，形成网上虚拟企业。因此，企业之间的电子商务发展最快，特别是通过增值网络（VAN）上运行的电子数据交换（EDI），使企业对企业的电子商务得到了快速扩大和推广。BtoB的典型是中国供应商、阿里巴巴、中国制造网、敦煌网、慧聪网、瀛商网等。

2. 企业对消费者的电子商务

企业对消费者的电子商务，也称商家对个人客户或商业机构对消费者的电子商务。企业对消费者的电子商务基本等同于商业电子化的零售商务，网上企业对消费者的电子商务基本等同于网上销售和网上购物。它的基本形式是电子商务零售业和网上零售业。随着万维网的出现及其技术的发展，这种模式的电子商务发展较快。目前，在Internet上已遍布各种类型的商业中心,并提供各种商品和服务。

3. 企业对政府的电子商务

企业对政府的电子商务主要表现为政府网上采购工程。这种商务活动已经覆盖了企业和政府间的许多事务。目前我国有些地方已经推行网上处理事务,如:网上报税、网上产权交易等。

4. 消费者对企业的电子商务

这类的电子商务活动目前还没有真正形成。

5. 消费者对消费者的电子商务

消费者对消费者的电子商务是消费者之间的网络在线式销售交易活动,即平常所说的网上拍卖,如:eBay、淘宝网等。这种商务模式为买卖双方提供一个在线的交易平台,让卖方在这个平台上发布商品信息或者提供网上商品拍卖,让买方自行选择购买商品或参加竞价拍卖。消费者对消费者的电子商务是电子商务中十分重要的一种形式。

6. 消费者对政府的电子商务

消费者对政府的电子商务是指通过消费者对政府机构的电子商务,政府可以把电子商务扩展到福利费发放和自我估税及个人税收的征收方面。通过网络实现个人身份的核实、报税、收税等政府对个人的行为。

7. 政府对企业的电子商务

政府对企业的电子商务主要表现在网上征收企业税。

8. 政府对消费者的电子商务

政府对消费者的电子商务主要表现在网上征收个人所得税。

9. 政府对政府的电子商务

政府对政府的电子商务包括各国的各级政府对各国各级政府的电子商务。

(二)按商品交易过程完整程度划分

按交易过程在网络上的完成程度,电子商务可以分为完全电子商务和不完全电子商务。

1. 完全电子商务

完全电子商务指产品或服务可以完全通过电子商务方式实现和完成整个交易过程的电子商务。一些数字化的无形产品和服务。如软件、音乐、远程教育等,供需双方直接在网络上完成订货或申请服务、网上支付与结算、实施服务或产品使用权的转移,无须借助其他手段。完全电子商务在理论上是电子商务的最高境界,但交易对象的特性仅限于无形产品和网上信息服务,不能涵盖所有商品和服务。

2. 不完全电子商务

不完全电子商务指商品交易的全过程无法完全依靠电子商务方式实现的电子商务。一些物质和非数字化的商品无法在网络上供货和送货,需要依靠一些外部要素,如运输系统、邮政系统等来完成货物的运输和配送。

（三）按照开展电子交易的范围分类

按照开展电子交易的范围来分类，电子商务可分为 3 类：本地电子商务、远程国内电子商务、全球电子商务。

1. 本地电子商务

本地电子商务是指利用公司内部、本城市或者本地区的信息网络实现的电子商务活动。本地电子商务交易的范围比较小，本地电子商务是利用互联网、企业内部网或专网将下列相关系统联系在一起的网络系统：参加交易各方的电子商务信息系统，包括买方、卖方及其他各方的电子商务信息系统，银行金融机构电子信息系统，保险公司信息系统，商品检验信息系统，税务管理信息系统，货物运输信息系统，本地区 EDI 中心系统等。本地电子商务是开展远程国内电子商务和全球电子商务的前提与基础，而且从某种意义上说，涉及实物交易的电子商务，交易双方最终要确定交货地点，所以它归根结底是区域性和本地化的。

2. 远程国内电子商务

远程国内电子商务是指电子商务在本国范围内进行的网上电子交易活动。其交易的地域范围较大，对软硬件和技术要求比较高，要求在全国范围内实现商业电子化、自动化以及金融电子化，而且交易各方应具备一定的电子商务知识、经济能力、技术能力和管理能力等。

3. 全球电子商务

全球电子商务是指在全世界范围内进行的电子交易活动，参加电子商务的交易各方通过网络进行贸易活动。它涉及有关交易各方的相关系统，如买卖方国家进出口公司系统、海关系统、银行金融系统、税务系统、保险系统等。全球电子商务业务内容繁杂，数据来往频繁，要求电子商务系统严格、准确、安全、可靠。全球电子商务客观上还要求有全球统一的电子商务规则、标准和商务协议，这是发展全球电子商务必须解决的问题。

（四）按商务活动的内容分类

按照商务活动的内容进行分类，可将电子商务分成两类，即直接电子商务和间接电子商务。

1. 直接电子商务

直接电子商务也称无形商品和服务的电子商务。无形商品是指包括计算机软件、电影、音乐、电子读物、信息服务等可以数字化的商品。这类商品形式不仅信息流、资金流可以直接在 Internet 上传输，而且物流也可以在 Internet 传输，买方在网上进行了资金支付后就可以直接下载或浏览所需的无形商品。无形商品的网上交易与有形商品的网上交易的区别在于前者可以通过网络将商品直接送到消费者手中。由于这类电子商务活动能够完全在网上完成，因此，这类电子商务又可称为完全电子商务。

2. 间接电子商务

间接电子商务就是有形商品的电子商务。有形商品指的是实体类商品，这类商品的交易过程中所包含的信息流和资金流可以完全实现网上传输。卖方通过 Internet 发布商品广告、供货信息及咨询信息，买方通过 Internet 选择预购商品并向卖方发送订单，买卖双方在 Internet 上签订合同后在网上完成货款支付。但是交易的真正商品必须通过传统的物流环节运送到消费者手中。有形商品的电子商务由于不能完全在网上完成，因此，这类电子商务又可称为不完全电子商务。

（五）按电子商务交易阶段分类

1. 交易前电子商务

交易前电子商务主要是指买卖双方和参加交易各方在签订贸易合同前的准备活动。其包括三个方面的内容：首先，买方根据自己要买的商品，准备购货款，制订购货计划，进行货源市场调查和市场分析，并反复进行市场查探，了解各个卖方国家的贸易政策，反复修改购货计划和进货计划，确定和审批购货计划。再按计划确定购买商品的种类、数量、规格、价格、购货地点和交易方式等，尤其要利用互联网和各种电子商务网络寻找自己满意的商品和商家；其次，卖方根据自己所销售的商品，召开商品新闻发布会，制作广告进行宣传，全面进行市场调查和市场分析，制订各种销售策略和销售方式，了解各个买方国家的贸易政策，利用互联网和各种电子商务网络发布商品广告，寻找贸易伙伴和交易机会，扩大贸易范围和商品所占市场的份额。其他参加交易的各方如中介方、银行金融机构、信用卡公司、海关系统、商检系统、保险公司、税务系统、运输公司也都为进行电子商务交易做好相应的准备；最后，买卖双方就所有交易细节进行谈判，将双方磋商的结果以文件的形式确定下来，即以书面文件形式和电子文件形式签订贸易合同。电子商务的特点是可以签订电子商务贸易合同，交易双方可以利用现代电子通信设备和通信方法，经过认真谈判和磋商后，将双方在交易中的权利，所承担的义务，对所购买商品的种类、数量、价格、交货地点、交货期、交易方式和运输方式、违约和索赔等合同条款，全部以电子交易合同做出全面详细的规定。合同双方可以利用电子数据交换进行签约，可以通过数字签名等方式签名。

2. 交易中电子商务

交易中电子商务主要是指买卖双方签订合同后到合同开始履行之前办理各种手续的过程。交易中要涉及有关各方，即可能涉及中介方、银行金融机构、信用卡公司、海关系统、商检系统、保险公司、税务系统、运输公司等，买卖双方要利用 EDI 与有关各方进行各种电子票据和电子单证的交换，直到办理完可以将所购商品从卖方按合同规定开始向买方发货的一切手续为止。

3. 交易后电子商务

交易后电子商务是指从买卖双方办完所有各种手续之后开始，卖方要备货、组货，同时进行报关、保险、取证、发信用证等，卖方将所售商品交付给运输公司包装、起运、发货，买卖双方可以通过电子商务服务器跟踪发出的货物，银行和金融机构也按照合同，处理双方收付款、进行结算，出具相应的银行单据等，直到买方收到自己所购商品，完成了整个交易过程。索赔是在买卖双方交易过程中出现违约时，需要进行违约处理的工作，受损方要向违约方索赔。

第二节 电子商务的产生与发展

电子商务并非新兴之物，早在1839年当电报刚刚出现的时候，人们就已经开始对运用电子手段进行商务活动进行讨论，当贸易开始以莫尔斯码的形式在电线中传输的时候，就标志着运用电子手段进行商务活动的开始。

一、电子商务产生的条件

（一）技术环境

1. 计算机的广泛应用

从20世纪70年代中期以来，计算机的处理速度越来越快，处理能力越来越强，价格越来越低，成本与性能比迅速下降，应用越来越简单、越来越广泛，这为电子商务的应用提供了基础条件。

2. 网络的普及和成熟

由于互联网技术日益成熟，连接互联网的计算机越来越多，全球上网用户呈级数增长，互联网成为连接全球用户的一个虚拟社区，为电子商务的发展提供了一个快捷、安全、低成本的信息交流平台，并为电子商务的发展提供了大量的潜在客户。

3. 信息系统的形成与发展

信息系统的形成和发展是由于计算机的产生而逐步形成和发展起来的。早在1946年人类发明了第一台计算机，由于条件所限只能做数值处理，应用仅局限在军事和科学领域的运算，但随着技术的不断进步，计算机可以进行数据处理，而后计算机开始进入管理领域，建立信息系统。到了90年代，人类社会利用互联网进入一个网络时代，网络时代的发展对于信息系统的建设和应用产生了极大的促进作用。其中，最有代表性的就是电子商务系统的建立。电子商务的出现极大地扩展了传统的信息技术和信息系统应用的范围，把信息系统的应用范围从传统的只能处理管理问题扩展到能够处理经营问题。

4. 信用卡及其他电子支付手段的普及

信用卡以其方便、快捷、安全等优点而成为人们消费支付的重要手段，并由此形成了完善的信用卡计算机网络支付与结算系统；同时，电子资金转账（Electronic Funds Transfer，EFT）已逐渐成为企业间资金往来的主要手段，从而为电子商务过程中的网上支付提供了重要保证。

5. 安全交易标准和技术的应用

近年来，针对电子商务安全的要求，IT业和金融行业一起推出不少有效的安全交易标准和技术来解决这些问题。目前，常用的技术有3种：电子商务认证技术、协议标准和安全技术。

（二）社会环境

1. 市场环境的建立

经济全球化使得企业面临的市场越来越大，竞争对手越来越多，客户也变得越来越强势，同时，企业面临的资源如劳动力、技术等也越来越不平衡。因此，企业一方面要在全球范围内调整产业布局，优化资源配置，降低经营成本；另一方面还要通过改变经营手段获得竞争优势。鉴于此，企业必须快速响应市场环境的变化并转化为企业实施电子商务的内在动力。

2. 政府大力支持

自1997年欧盟发布欧洲电子商务协议，美国随后发布"全球电子商务纲要"以后，电子商务受到了世界各国政府的重视，许多国家的政府开始尝试"网上采购"，这为电子商务的发展提供了强而有力的支持。

3. 配套的法律环境

市场经济本质上是契约经济，为了保障交易双方甚至多方的权利和义务，只有具备完善的、配套的法律环境，市场经济才可以顺利地运行。电子商务也是市场经济的一个组成部分，因此，一整套完整的、可操作的、有针对性的电子商务法律，是保障电子商务发展的重要前提。

4. 电子商务信用体系的建设

信用体系的不完善是制约电子商务发展的一个重要环节。在网络当中进行交流，增加了交流的自由度，但是却无法确定对方的真实身份，这对电子商务的发展是一个巨大的障碍。一套完善的网上信用保证体制，会保证交易完成，促进电子商务的发展。

5. 完善的物流配送体系的建立

电子商务是一项社会化的系统工程，其受到信息化发展、安全制度、信用体系、配送环节和法律环境等诸多因素的影响，而物流配送体系是否高效、完善，对于电子商务发展的重要性不言而喻。

二、电子商务产生的原因

（一）生产力的发展是电子商务产生的根本原因

在商品经济条件下,经济规律作用的结果必然要求全球资源在全世界范围内的最优配置,因而形成了经济全球化、市场国际化、社会分工国际化及产业结构在全球范围的调整。而这些又导致了资本的大量转移和大批跨国公司的涌现,推动了国际贸易的发展。国际贸易成为推动世界经济增长的发动机。国际贸易的迅速增长造成了传统的以纸为载体的贸易单证数量激增。市场的激烈竞争使生产由大规模的批量生产向小批量多品种转变,以适应迅速变化的市场的各种需求,组织形式则由大型、纵向、集中式向横向、分散式、网络化发展。制造商、供货商和消费者之间,跨国公司与各分公司之间迫切要求提高商业文件、单证的传递和处理速度、空间跨度和准确度。追求商业贸易的"无纸化"成为所有贸易伙伴的共同需求。而传统的单证和文件采用人工处理,劳动强度大,效率低,出错率高,费用高。以纸为载体的贸易单证和文件成了阻碍国际贸易发展的一个关键因素。

(二)IT业的发展为电子商务的产生奠定了坚实的物质基础

IT业的发展过程中产生了晶体管集成电路、大规模集成电路和超大规模集成电路,对应产生了PC机、小型机、分布式计算环境等技术。IT业从以下几个方面促成了电子商务的产生:近30年来,计算机的处理速度越来越快,处理能力越来越强,价格越来越低,应用越来越广泛,计算机的广泛应用为电子商务的应用提供了物质基础;Internet逐渐成为全球通信与交易的媒体,全球上网用户呈级数增长趋势,快捷、安全、低成本的特点使网络不断的普及和成熟,从而为电子商务的发展提供了应用条件;以电子支付技术为基础的信用卡和电子货币的普及应用,更为电子商务的发展提供了金融基础,信用卡以其方便、快捷、安全等优点而成为人们消费支付的重要手段,并由此形成了完善的全球性信用卡计算机网络支付与结算系统,为电子商务中的网上支付提供了重要的技术手段。

三、电子商务的发展阶段

(一)萌芽阶段的电子商务

19世纪70年代,人类第二次科技革命开始,人类进入了电气时代。随后,垄断组织出现,作为超大型企业,它是一种新的经济联合体。垄断组织有财力购买先进设备,有能力了解并开辟世界市场,有力量进行科研,不断开发新产品,有能力在竞争中占据优势,这使企业的管理幅度和范围增大,难度加大,企业必须重视组织管理的协调。此时,企业之间进行商务信息交流却仍然停留在借助电报、电话等工具上。

20世纪40年代,以电子计算机为代表的第三次科技革命爆发,计算机技术、通信技术得到迅猛发展。计算机和通信工具马上成为人们经济活动中不可或缺的工具。早期计算机只是用于单机处理一些文件,储存一些数据。20世纪70年代初,随着处理各类商务文件的增多,人们逐渐发现由人工输入一台计算机中的数据约70%来源于另一台计算机输出的文件,由于过多的人为因素,还影响了数据的准确性和工作效率,人们便开始尝试在贸易伙伴之间的计算机上使数据能够自动交换,这样电子数据交换技术(EDI)随之产生,这也标志着电子商务的诞生。

（二）基于EDI阶段的电子商务

EDI（电子数据传输）在20世纪60年代末期产生于美国，当时的贸易商们在使用计算机处理各类商务文件的时候发现，由人工输入一台计算机中的数据70%是来源于另一台计算机输出的文件，由于过多的人为因素，影响了数据的准确性和工作效率。人们就探索用电子手段来替代传统的纸面信息记录和信息传输方式，将人工干预降到最低程度，增加信息的传递速度，消除信息的二次录入，减少出错机会，提高工作效率。人们开始尝试在贸易伙伴之间的计算机上进行数据自动交换，这促使EDI应运而生。

EDI是将业务文件按一个公认的标准从一台计算机传输到另一台计算机上去的电子数据传输方法。由于EDI大大减少了纸张票据的使用，因此，人们也形象地将它称为"无纸贸易"或"无纸交易"。从普通商场的电子收款机、POS（销售点实时管理系统）、EOS（电子订货系统）和MIS（管理信息系统），到跨越不同国家、不同企业的EDI，数据信息的控制处理越来越准确和有效，同时大量事务处理工作也趋向标准化，从而使得EDI成为商务往来的重要工具。进入20世纪90年代以后，EDI应用不断加快，到了1998年初，美国应用EDI的企业已经超过5万家。

EDI的实施需要企业遵循一套国际组织制定的EDI商业标准，但标准在使用的时候非常复杂，行业内以及行业间的标准协调工作举步维艰，其依托的增值网络（VAN）的费用高，导致EDI在商业领域内的应用进展比人们当初预料的要慢，只有在大型企业和行业内部得以利用，大多数企业很难将其付诸实施。随着互联网的出现，将EDI的应用从专用网络扩大到了互联网，以互联网作为互联的媒介，将它同EDI技术相结合，提供一个较为廉价的服务环境，可以满足大量中小型企业对EDI的需求。

（二）基于Internet阶段的电子商务阶段

EDI的运用，使得单证和文件处理的劳动强度、出错率和费用大为降低，极大地推动了国际贸易的发展，电子商务显示出了巨大的优势和强大的生命力。由于EDI通信系统的建立需要较大的投资，且使用VAN的费用很高，因此限制了基于EDI的电子商务应用范围的扩大。而且EDI对于信息共享的考虑较少，比较适合大型跨国公司。随着大型跨国公司对信息共享的需求和中小公司对EDI的渴望，迫切需要建立一种新的成本低廉、能够实现信息共享的电子信息交换系统。

20世纪90年代中期以后，Internet迅速普及，使其逐步走进企业和寻常百姓家，其功能也从信息共享演变成为一种大众化的信息传播工具。从1991年起，一直排斥在互联网之外的商业贸易活动也正式进入这个领域，使电子商务成为互联网应用的最大热点。Internet克服了EDI的不足，可以满足中小企业对电子数据交换的需要。Internet作为一个费用低廉、覆盖面广、服务更好的系统，将替代VAN成为EDI的硬件载体。在Internet基础上建立的电子信息交换系统，既成本低廉又能实现信息共享，为在所有的企业中普及商务活动的电子化提供了可能。

基于 Internet 的电子商务，最初主要是利用互联网的电子邮件功能进行日常商务通信，后来发展到利用 Internet 进行信息发布，让公众了解企业的全部情况，并直接通过网络来获得企业的产品和服务。以 Web 技术为代表的信息发布系统迅速发展起来，成为 Internet 的主要应用。从 1996 年 6 月 14 日联合国贸易委员会通过《电子商务示范法》为标志发展到真正的电子商务。

基于 Internet 的电子商务发展非常迅速，与基于 EDI 的电子商务相比，它具有以下几个优势：第一，成本低。因为 Internet 是覆盖全球的开放性网络，任何人通过接入 Internet 来进行商务活动的成本都比传统的 VAN 成本要低很多。第二，覆盖广。Internet 覆盖全球，基于 Internet 的应用可以在全球范围内进行，用户通过接入 Internet 就可以方便地与贸易伙伴进行商务信息的沟通和传递。第三，功能全。因为 Internet 可以提供许多不同的应用，有着相当丰富的资源，基于 Internet 的电子商务可以支持不同类型的用户实现不同层次的商务目标，如建立商务网站、发布商情信息、在线商务洽谈和建立虚拟商城等。第四，灵活度高。基于 Internet 的电子商务可以灵活地针对不同的客户提供不同的服务，如针对不同年龄的用户提供个性化的服务界面，针对不同国家和地区的用户提供不同的语言显示。

四、我国电子商务的发展

（一）1990—1993 年，开展 EDI 的电子商务应用阶段

1990 年我国正式引入 EDI 概念，开始了 EDI 的电子商务应用。1990 年原国家计委、原国家科委将 EDI 列入"八五"国家科技攻关项目，如外经贸部国家外贸许可证 EDI 系统、中国对外贸易运输总公司中国外运海运／空运管理 EDI 系统、中国化工进出口公司"中化财务、石油、橡胶贸易 EDI 系统"等。1991 年 8 月在国务院电子信息系统推广应用办公室领导下，成立了"中国促进 EDI 应用协作小组"。同年 10 月成立了"中国 UN/EDIFACT 委员会"，并且申请加入亚洲 UN/EDIFACT 理事会。1992 年 5 月拟定了《中国 EDI 发展战略与总体规划建设（草案）》。EDI 应用遍及国内外贸易、交通以及银行等部门。

（二）1993-1997 年，政府领导组织开展"三金工程"

继美国提出信息高速公路计划之后，世界各地相继掀起信息高速公路建设的热潮，中国也迅速做出反应。1993 年底，中国正式启动国民经济信息化的起步工程——"三金工程"，成立了以国务院副总理为主席的原国民经济信息化联席会议及其办公室。所谓"三金工程"，就是指"金卡、金关、金桥"工程，是我国在当时开始起步并正在逐步实施的重大电子信息工程，是在建设中国的"信息准高速国道"。

1994 年 5 月由中国人民银行、电子部、全球信息基础设施委员会共同组织了"北京电子商务国际论坛"，有分别来自美、英、法、德、日、澳大利亚、埃及、加拿大等国的 700 多人参加。同年 10 月"亚太地区电子商务研讨会"在北京召开，使电子商务概念开始在我国传播。

1995年中国互联网开始商业化，互联网公司开始出现。1996年1月成立了国务院国家信息工作领导小组，统一领导组织我国的信息化建设。同年全桥网与互联网正式开通。

1997年信息办组织有关部门研究起草编制我国信息化规划，4月在深圳召开了全国信息化工作会议，各省市地区部门相继成立信息化领导小组及办公室，并制定包含电子商务在内的信息化建设规范。同时，在当月中国商品订货系统（CGOS）开始运行。

（三）1998年开始进入互联网电子商务发展阶段

1998年3月中国第一笔互联网网上交易成功。1998年7月中国商品交易市场正式宣告成立，被誉为"永不闭幕的广交会"。中国商品现货交易市场，是中国第一家现货电子交易市场，1999年现货交易额当年就达到2000亿人民币。1998年10月，国家经贸委与信息产业部联合宣布启动以电子贸易为内容的"金贸工程"，它是一项推广网络化应用、在经贸流通领域开发电子商务的大型应用试点工程。同年北京、上海等城市启动电子商务工程，开展电子商场、电子商厦及电子商城的试点，开展网上购物与网上交易，建立金融和非金融论证中心，制定有关标准、法规，为今后开展电子商务打下基础。

1999年3月，8848等BtoC网站正式开通，网上购物进入实际应用阶段。8月中国银行与IBM及湖南邮电在湖南合作进行中国银行电子商务试点，推出中国第一套基于SET协议的电子商务系统。同年兴起了政府上网、企业上网，电子政务、网上纳税、湖南大学和浙江大学利用网络进行网上教育、北京上海的大医院开展远程诊断等广义的电子商务开始启动，进入实际试用阶段。

（四）2000年及以后电子商务进入务实发展阶段

电子商务服务商正在从虚幻、风险资本市场转向现实市场，基础设施等外部环境的进一步完善，开始出现一些较为成功、开始盈利的电子商务应用。电子商务应用方式的不断完善，市场逐渐变得成熟，电子商务软件和解决方案的"本土化"趋势加快，基于网络的电子商务优势进一步发挥。电子商务三大模式在中国都有了快速的发展，以易趣、淘宝为代表的CtoC的模式，以卓越、当当为代表的B2C的模式，以阿里巴巴、买卖网为代表的BtoB的模式。

我国对电子商务无论在经济发展战略上，还是在经济政策上都给予了高度的重视。2011年3月，全国人民代表大会通过的《中华人民共和国国民经济和社会发展第十二个五年规划纲要》中强调："积极发展电子商务，完善面向中小企业的电子商务服务，推动面向全社会的信用服务、网上支付、物流配送等支撑体系建设。大力推进国家电子政务建设，推动重要政务信息系统互联互通、信息共享和业务协同，建设和完善网络行政审批、信息公开、网上信访、电子监察和审计体系。加强市场监管、社会保障、医疗卫生等重要信息系统建设，完善地理、人口、法人、金融、税收、统计等基础信息资源体系，强化信息资源的整合，规范采集和发布，加强社会化综合开发利用。"虽然电子商务的发展前景非常好，但是，现实中的一些状况并不乐观，还存在着一系列的问题，这些问题阻碍着电子商务的发展。

五、电子商务的发展趋势

（一）商业模式创新

成功的商业模式是企业维持发展、保持其竞争优势的核心要素。电子商务的模式将日趋多元化，并在与传统商务融合的过程中日趋复合和复杂，所谓"BtoB"和"BtoC"等过于简化的模式分类很快将成为历史。目前一些新的商业模式正在出现，第一，如Web 2.0，支持以用户"自产"内容为主的网站模式；第二，如维基百科和MySpace、Blog、社会性网络等；第三，如豆瓣网的创新商业模式，豆瓣网围绕图书、影视、音乐等产品；第四，提供给客户自由交流的空间，客户可根据自己的兴趣参与某种或某类图书的讨论，网站根据产品受关注的程度及时将这些产品推荐给消费者，并链接到相关的网站，如当当网、卓越网等。并且电子商务模式创新将从业务流程创新到管理创新，再到组织创新，渐次展开，渐次深入，这是一个相互作用、激荡、混沌和自组织的进化过程。

（二）智能化

电子商务所依赖的网络环境拥有大量的信息，对于这些信息的收集、分析和利用完全依靠人工是不可能的，所以智能技术将广泛应用于电子商务的各个环节，从供应商、商业伙伴的选择，到生产过程的优化；从个性化推荐、智能搜索到智能化自适应网站；从物流配送到客户的售后服务与客户关系管理等。主要的智能技术包括自然语言处理和自动网页翻译、多智能代理技术、智能信息搜索引擎和数据挖掘、商业智能等。商务智能技术的应用效果取决于人工智能技术的发展。

（三）新型网络技术

信息技术仍然在不断地发展，而这个发展过程往往不在人们的预料之中，因此不断推出的新的计算技术、网络技术才是不断推动电子商务快速发展的关键。电子商务将在新的网络平台上得到更快、更好的发展。

第三节　电子商务对社会的影响

电子商务所具有的不同于传统交易手段的新特点，给社会带来了巨大的经济效益和社会效益，虚拟企业、虚拟银行、网络营销、网上购物、网上支付、网络广告等一大批前所未闻的新词语正在为人们所熟悉和认同，但这些词语同时也从另一个侧面反映了电子商务正在对社会经济和人们的生活产生巨大影响，它不仅改变了人们工作和生活的方式，也对企业的传统经营管理模式提出了新的挑战。

一、电子商务的优势

（一）树立企业良好形象

良好的企业形象对于企业的发展起着至关重要的作用。传统的商业模式中，企业要在消费者心目中树立良好的形象，需要长时间的奋斗。在电子商务环境下，企业能够利用互联网快速树立企业形象，企业建立自己的网站，利用网站将企业的优势充分地展现出来，或是利用平台和顾客建立良好的沟通，一方面向顾客宣传自己，另一方面及时掌握顾客的需求，根据需求调整企业的经营策略，从而给顾客留下良好的印象。

（二）降低交易成本

首先，利用电子商务可以减少企业的组织管理费用。在企业运行的过程中，利用网络在各部门之间进行沟通可以减少运营费用；将计算机和互联网进行结合，可以自动处理许多需要人工处理的业务，减少企业的财务支出。

其次，利用电子商务可以降低采购和营销费用。企业在进行采购和营销时需要收集企业所需大量的信息，如供应商的基本信息、消费者基本情况和需求等，对信息进行分析，这对降低企业的购销成本有着直接和明显的作用；企业发布相关信息，如产品信息、企业基本情况等，尽可能将信息广泛传播，力争使更多的人了解企业的基本情况，增大购销机会。

（三）减少库存

传统的企业由于信息渠道不畅通，为了应付不断变化的市场需求，不得不以备不时之需，这样势必会占用企业的大量资金。减少库存是企业降低成本的一个非常重要的环节。电子商务具有集成性、全球性、方便性和高效性等特点，利用系统对企业的生产状况和市场的基本情况及时分析，掌握企业的供求需求信息，然后利用平台及时进行补充供给，从而可以减少企业的库存量。

（四）缩短生产周期

生产周期等于产品的设计时间＋产品的生产时间。传统的产品设计首先需要利用人工的方式进行市场调查，然后进行数据分析，最后根据消费者的需求设计产品，这样在产品开发过程中就耗费了很长的时间，产品开发完成后再进行生产，在生产过程中需要各部门协调工作，这样从调查到生产出产品时间跨度比较长。通过电子商务企业在和客户的交流过程中及时掌握顾客的需求，根据顾客的要求开发相应产品，产品进入生产阶段，电子商务平台不仅可以改变过去信息封闭导致的分阶段合作方式，使各部门利用信息共享协同并行工作，这样最大限度地缩短了产品的生产周期。

（五）增加商机

基于互联网的电子商务可以实行每周 7 天，每天 24 小时的全球运作方式，突破传统的商务模式不受时间和空间的限制，可以扩大企业的市场范围，吸引更多的新客户，客户可以利用网络和企业进行交互式的沟通，提出自己的新的需求；企业可以利用这些信息开拓新产品市场，从而为企业的发展增加商机。

（六）减轻对物资的依赖

传统企业的经营活动必须依靠一定的物质基础才能开展业务，但是通过互联网可以创办虚拟企业，它只需要一个机房、几台服务器和少数维护人员，不需要很多的实物基础设施，这样就可以将节省的费用转让给消费者，吸引更多的消费者，形成良性循环。

（七）减少中间环节

电子商务重新定义了传统企业的流通模式，减少了中间不必要的环节，使得消费者和企业能直接沟通，完成交易，从而在一定程度上改变了整个社会的运行方式。

（八）提高顾客的满意程度

消费者的需求千差万别，据调查世界上不存在两个需求完全一样的人，电子商务强调以消费者为主导，满足人们个性化的需求；并且能够提供相关途径，加强和客户的关系，提高企业的服务质量，让客户更加满意。

二、电子商务对人们生活及工作方式的影响

信息革命和网络经济浪潮迅猛而强烈地冲击着人们传统的消费方式、工作方式和思维方式，迅速地改变着人类社会的面貌，电子商务正在走进我们的生活。我们的生活、工作与电子商务的联系也正在逐渐变得紧密。"一网打尽""无往不胜"，正在成为人们生活和工作的时尚。也许在不远的将来，离开了网络、离开了电子商务人们将寸步难行。

（一）电子商务对人们生活方式的影响

1. 网上购物改变人们的消费观念

在传统购物方式下，尽管有人对逛商店直接面对营业员讨价还价乐此不疲，但随着生活节奏的加快，购物逛商店太费时间，许多人因不愿面对营业员冷淡或过于热情的态度，或不善于讨价还价，或不想公开自己购物的隐私等多方面的原因，认为逛商店购物为一种负担。互联网的出现，革命性地改变了人们的消费观念。随着网络技术的普及和上网人数的增加，消费者在互联网上浏览商品，直接在网上完成商品选择、支付，由商家将商品送到消费者手中已经成为一种风尚，并正在被越来越多的人所接受和使用。网上销售的商品

一般可以分为三类：实物商品、信息商品和在线服务。前者是消费者在网上订购，由网上商店将商品送到消费者手中，后两类是由销售商直接传输到购买者的计算机终端，由消费者来消费或接受服务。

2. 在线服务

互联网是一个开放的网络系统，它的资源和服务被无限制地扩大，每个人都可以通过它获取自己所需要的信息和服务。消费者在线服务主要有以下三大类。

第一，信息发布。在信息社会，信息作为日益重要的资源正在受到越来越多的个人和企业的重视，接受在线服务有助于更快地获取各种信息，在激烈竞争中保持和取得优势地位。目前通过电子商务可以利用网络方便快捷地发布信息，并提供法律咨询、医药咨询、疾病会诊、产品竞标、远程教育、投资理财、证券分析、金融服务等许多信息的发布与服务。且有扩大化的趋势，即服务领域和服务内容正在逐渐扩大，以满足人们的各种需要。

第二，预订服务。在信息社会，人们生活节奏越来越快，在线预订可以节省人们大量时间，增加自主安排时间，使工作和生活更有计划性，提高生活质量。通过访问相关电子商务网站可以帮助人们预订票务、饭店、各种入场券、专家门诊等。

第三，互动式服务。通过网络的交互性，人们可以实现原来无法想象的服务。如可以接受远程教育，每个人都可以随意选择全国乃至全世界的自己喜欢的专业和大学进行远程教育和学习；可以在网上社区服务中心解决日常生活中遇到的用气、用水、用电等方面的难题，还可以与家政部门联系，提供家政服务；也可以在网上求职，填写好有关个人求职意向书通过网络发布出去，就可以在自己家中等候通知，不必到处奔波寻找。

（二）电子商务对人们工作方式的影响

在互联网普及的今天，电子商务除了影响人们的生活方式，对人们的工作方式同样有着极大的影响。

1. 改变就业结构

电子商务的发展将改变社会就业结构，对人们的知识、能力和技能提出更高要求。企业员工、政府职员、学校教师以及其他社会各行各业的就业者都必须熟悉和掌握电子商务的一些基本操作规程，那些既懂得经营管理业务，又懂得电子商务技术的复合型人才将成为劳动力市场上的热门人才。就业技能要求将从传统职业技能转向要求信息技能及有较高认知推理的能力。

2. 改变就业方式

电子商务对整个社会的就业状况改善有重要作用。电子商务对就业的贡献作用，经济合作与发展组织也持同样的看法。据统计，经合组织成员国近年来所增加的6500万个就业机会中，95%与信息知识产业有关。另一方面，电子商务的出现促进了人们工作方式的变革。人们将更多地在家里或者小型办公地点，通过网络利用计算机与他人进行协作，完成全部工作。据统计，美国目前有700万人在家里的虚拟办公室工作。美国交通部估计，未来十年，将有1500万人利用电子商务在虚拟办公室工作。在此基础上，虚拟企业将会出现。所谓虚拟企业是指企业成为没有边界的组织，它可以没有实际的空间，没有实际的厂房、生产设备，员工只需要通过网络连接在一起从事各种决策、买卖、设计等活动，即企业只保留最关键的功能，其他的功能在资源有限的情况下，无法最大限度地满足竞争的要求，所以将那些部门虚拟化，以各种方式借用外力来进行整合，进而最大限度地发挥企业的竞争优势。而借用的力量可能是上游的供应商、竞争对手，也可能是客户。无论形式上如何表现，虚拟企业的基本含义在于突破企业的有形界限，延伸企业的活动范围。虚拟企业、虚拟办公室的形成，使企业员工的雇用方式和工作方式都在发生着变化。

三、电子商务对经济发展的影响

（一）电子商务对国际贸易的影响

1. 实现贸易的全球化

传统的贸易活动过程十分复杂，需要多种贸易工具，需要贸易双方反复的洽谈和交流，同时还受贸易双方地理位置远近的影响。

为了进行国际贸易，跨国公司会在世界各地设立办事处或销售机构及代理商。如果公司不具备在世界各地建立销售网点的实力，要进行跨国贸易是十分困难的。传统的经贸活动，经贸双方要经过面对面的谈判、协商，或者通过电话、传真、信函等多种通信工具进行信息交流，交易过程烦琐，成本费用很高，能接触到的交易对象也很有限。总之，传统的贸易活动受到时间和空间的限制，尤其是中小型企业，要想在国际市场上进行贸易十分困难，需要巨大的人、财、物的投入。

电子商务为企业提供了进入国际市场的便捷通道，打破了时间和空间的限制，通过网络企业可以在全球范围内寻找贸易对象，在网上完成贸易过程，一些信息产品如软件、书报等还可以在网上直接传给对方，大大降低了交易成本。

2. 促进国际贸易，改善贸易管理

基于 Internet 的电子商务和许多产品的电子化供应方式，将促进国际贸易的增长。电子商务将通过提供比电话传输更快、更方便、更便宜的信息交换平台，进一步促进贸易的增长和发展。另外，许多产品可以以省时、省运费的电子方式通过网络发送，使得跨国界、距离远的限制没有了，使提供软件和海关服务变得像近距离一样方便、灵活；使得娱乐型（如录像、音乐、游戏）的国际贸易十分容易；金融机构也将有更多的机会通过电子商务系统提供国际性金融业务服务，将金融业务扩大到全球范围内。

对于关税部门，电子商务能够以一种更间接的方式促进国际贸易。事实上，由于业务在边境上的延误、不必要的文件以及政府要求的贸易程序而未实现自动处理所造成的损失，有时会超过关税及其他主要费用，而电子商务的实现，就可以解决这些问题。

新加坡是整个贸易交易过程以信息技术和 EDI 为基础的国家之一。新加坡在 1989 年建立了贸易网（增值网），将贸易共同体（商人、货物转运人、货物及装运代理）同涉及进出口过程的20多个政府机构相连，公司只需通过网络发出一份电子文件，在15～30分钟内就能办妥必要的审批文件，而这在过去需要分别向每个部门提交文件，并获得批准等，此类手续大约需要2～3天的时间。现在，新加坡98%以上的贸易申报单通过该系统进行处理，从而公司只需提前很短的时间进入贸易，减少了50%的费用。

信息产品通过网络交付，运输与管理费用的降低可使许多小批量国际贸易获利，在传统贸易中，保险、运输和海关管理的费用可能达到甚至超过产品自身的价值，这样就限制了跨国贸易的增长。而电子商务的实施将消除这种限制。

（二）电子商务对企业的影响

1. 扩展企业市场机会

在电子商务环境下，如果不考虑商品配送等因素，企业只有网上、网下的区别，而没有上海、纽约的区别。每一个企业都可以成为真正意义上的跨国企业——面向全球市场销售，与来自全世界的竞争者竞争，在全世界范围内招聘，与全球范围内的伙伴合作。对于具有竞争优势的企业，这将大大扩展其市场机会。通过互联网，企业可以24小时不分时区地提供客户支持与服务，而且无须增加很多成本。任何人都可以在任何时刻到企业的网站查找信息、订购商品，在线商店可以一年365天、一天24小时营业，这是传统商店很难做到的。而且，由于商品的选购、下单及支付都可由顾客在网上完成，企业可以在不增加销售人员的情况下就增加业务量。

2. 降低企业采购成本

统计表明，通过互联网进行采购管理，平均采购成本能降低10%～15%。成本降低主要来自两个方面：一是选择范围的扩大，企业可以在全世界范围内选择最适合的供应商，通过网上采购招标，采购成本将大大降低；二是采购效率的提高，企业采购原料可能是一件烦琐的事情，通过电子商务，企业可以加强与主要供应商之间的联系，将原材料采购与产品制造有机结合，形成一体化信息传递与信息处理体系。例如，美国通用电气公司照明设备分部的工厂为购买低价的机器零件，每天都要向公司资源部送交数百份定额申请单，再由公司资源部经过相关的处理后寄给几家供应商。这一过程至少需要7天时间，时间长，效率低。开发出联机采购系统后，公司资源部可以从其内部网接收电子定额申请单，然后通过Internet向全世界供应商招标，时间缩短到几个小时内就可完成采购任务。通用电气公司称，该分部的采购费用已经下降了30%，60%的采购人员已经被重新安排工作。

3. 降低企业库存

库存产生于信息的不确定：因为企业不能清楚了解顾客需求，才会生产过量的产品；因为企业不能准确了解原材料供应情况，才会采购预备性的原材料。电子商务使供需双方有效沟通，从而大大降低库存，从理论上讲，库存甚至有可能降低为零。通过在线定做，企业可以真正按需生产，减少产品积压。通过与供应商实时沟通，供应商可以清楚地了解企业每天的需求，从而"在恰当的时间，恰当的地点，供应恰当数量的恰当商品"，做到"即时管理"，实现"零库存"。

4. 缩短企业生产周期

缩短企业生产周期既可以提高对顾客需求的反馈速度，抓住稍纵即逝的市场机会，又可以降低单位产品固定成本，如设备折旧等。互联网加强了企业联系的深度与广度，分布在不同地区的人员可以通过互联网彼此协同，共同完成一个研究开发项目。以汽车工业为例，按照传统的开发程序，日本厂商开发一个新车型从概念到规模生产通常需要3年的时间。现在，通过互联网，所有设计与开发人员，包括设计师、工程师、供应商、制造商和生产线的工作人员等通过网络协调工作，参与整个设计开发过程，开发和制造一辆新车型的周期缩短为13个月。

5. 减轻对实物基础设施的依赖

建立一个传统企业需要实物基础设施的支撑，如仓库、厂房、办公楼、商品展示厅等，而网络的虚拟性则可以减轻企业对这些实物基础设施的依赖。比如，通过互联网，白领员工可以方便地在家上班。再如，网上商店可以不受货架的大小、数量以及地点的限制，面向全球销售任意数量的商品。对实物基础设施依赖降低不仅意味着成本降低，对中小企业而言也意味着迅速发展的机会，真正成为虚拟企业和虚拟办公室。

四、电子商务对社会的影响

（一）电子商务将改变商务活动的方式

传统商务活动最典型的情景就是"推销员满天飞"，"采购员遍地跑"，"说破了嘴、跑断了腿"。人们用"千言万语、千山万水、千家万户、千方百计、千辛万苦"来形容传统推销人员的工作辛苦。对消费者来说，在商场中筋疲力尽地寻找自己所需要的商品，也不是一件轻松的事情。现在，通过互联网只要动手点击鼠标，人们就可以进入网上商场浏览、采购各类产品，而且还能得到在线服务；商家则可以在网上与客户联系，利用网络进行货款结算服务；政府还可以方便地进行电子招标、政府采购等。这将从根本上改变原有传统商务活动的工作模式。

（二）电子商务将改变人们的消费方式

网上购物的最大特征是消费者的主导性，购物意愿掌握在消费者手中。消费者还能以一种轻松自由的自我服务方式来完成交易，消费者主权在网络购物中充分体现出来。

（三）电子商务将改变企业的经营方式

由于电子商务是一种快捷、方便的购物手段，消费者的个性化、特殊化需要可以完全通过网络展示在企业面前。企业一旦介入电子商务运作，与业务相关各方的联系将更为直接和紧密：客户将在网上与供货方、服务提供方联系，利用网络进行会计结算和支付服务；企业可以方便地与政府部门以及竞争对手发生联系。这种网上联系，将企业经营的方式在各个角度做了改变。

（四）电子商务将给传统行业带来一场革命

电子商务是在商务活动全过程中，通过人与电子通讯方式的结合，极大地提高商务活动效率，减少不必要的中间环节。传统的制造业借此进入小批量、多品种的时代，"零库存"逐渐成为可能。传统的零售业和批发业开创了"无店铺""网上营销"的新模式。各种在线服务为传统服务业提供了全新的经营模式。

（五）电子商务将带来一个全新的金融业

在线电子支付是电子商务的关键环节，也是电子商务能够顺利发展的基础条件。随着电子商务在电子交易环节上的突破，网上银行、银行卡支付网络、银行电子支付系统以及网上交易服务、电子支票、电子现金等服务，将传统的金融业带入了一个全新领域。1995年10月，全球第一家网上银行"安全第一网络银行"（Security First Network Bank）在美国诞生。这家银行没有建筑物，没有地址，营业厅就是首页画面，员工更是只有10人，与总资产超过2000亿美元的美国花旗银行相比，"安全第一网络银行"的营业额简直是微不足道，但与花旗银行不同的是，该银行所有交易都通过因特网进行。

（六）电子商务将转变政府的行为

政府承担着大量的社会、经济、文化的管理和服务的功能，尤其作为"看得见的手"，在调节市场经济运行，防止市场失灵带来的不足方面有着很大的作用。在电子商务时代，当企业应用电子商务进行生产经营，银行实现金融电子化，以及消费者实现网上消费的同时，同样对政府管理行为提出新的要求，电子政府、电子政务或者说网上政府，将随着电子商务发展而成为一个重要的社会角色。

第四章　电子支付与电子商务安全

在电子商务活动中，支付是最为关键的一个环节，保证这一环节的安全对于确保电子商务活动开展的长期性具有十分重要的意义。

第一节　电子支付研究

电子支付是在互联网出现后产生的一种新型支付方式，本节主要对电子支付进行了相应的概述，并对电子支付的工具：电子货币、电子现金、电子支票、电子钱包、网上银行等几种方式进行了论述。

一、电子支付的内涵

电子支付在中国的发展始于网上银行业务，随后各大银行的网上缴费、移动银行业务和网上交易等逐渐发展起来。电子支付市场每年都以高于30%的速度在成长，作为电子商务的核心环节，网上支付已经成为人们日常生活中不可或缺的组成部分，特别是随着网络购物的流行与快递行业的火爆，我国已加速步入电子支付时代。

所谓电子支付，是指电子交易的当事人，包括消费者、厂商和金融机构，通过信息网络，使用安全的信息传输手段，采用数字化方式进行的货币支付或资金流转。简单地说，电子支付是指通过电子信息化手段实现交易中的价值与使用价值的交换过程，电子支付是电子商务系统的重要组成部分。

现阶段在电子商务交易中常见的支付手段有以下五种：

第一，货到付款。这是最传统的一种支付结算方式，用户拿到货物后再进行支付，通常一些BtoC商城提供货到付款的支付方式。这种方式适用于一些没有网上银行或者是对网上支付安全担忧的人。

第二，邮局汇款。根据不同的地方，邮局汇款一般要3～7天才能到达。由于时间较长，不适合电子商务的货款支付，现在很少有人使用这种方式进行支付。

第三，银行卡付款。买卖双方都要有银行卡，但不要求是同一个银行的卡。买方到银行柜台办理转账业务，一般同行转账瞬间到账，跨行转账1～2天到账。目前较多人使用该种支付方式。这种支付方式较为传统，大部分网民都会使用。

第四，网上银行付款。网上银行又称在线银行，是指银行利用互联网技术，通过网络向客户提供开户、销户、查询、对账、行内转账、跨行转账、信贷、网上交纳电费等传统服务项目，使客户可以足不出户就能够办理转账、交费等业务，这种方式非常适合电子商务。网上银行支付是目前流行的一种快捷支付方式，不受时间、空间的限制，用户足不出户就可以支付结算。

第五，第三方支付。一般在线支付平台支持国内多家银行和多种银行卡在线实时支付接口，支付转账过程全在网上完成。目前，国内最大的第三方支付平台是支付宝，而国际上则主要使用 Paypal。

与传统的支付方式相比，电子支付具有以下特征：

第一，电子支付是采用先进的技术通过数字流转来完成信息传输的，其各种支付方式都是通过数字化的方式进行款项支付的；而传统的支付方式则是通过现金的流转、票据的转让及银行的汇兑等物理实体来完成款项支付的。

第二，电子支付的工作环境基于一个开放的系统平台（即互联网）；而传统支付则是在较为封闭的系统中运作。

第三，电子支付使用的是最先进的通信手段，如 Internet、Extranet，而传统支付使用的则是传统的通信媒介；电子支付对软、硬件设施的要求很高，一般要求有联网的微机、相关的软件及其他一些配套设施，而传统支付则没有这么高的要求。

第四，电子支付具有方便、快捷、高效、经济的优势。用户只要拥有一台上网的 PC 机，便可足不出户，在很短的时间内完成整个支付过程。而且电子支付的支付费用仅相当于传统支付的几十分之一，甚至几百分之一。

二、电子支付工具

（一）电子货币

1. 电子货币的概念

电子货币是以金融电子化网络为基础，以商用电子化机具和各类交易卡为媒介，以电子计算机技术和通信技术为手段，以电子数据（二进制数据）形式存储在银行的计算机系统中，并通过计算机网络系统以电子信息传递形式实现流通和支付功能的货币。

电子货币具有以下特点：第一，以电子计算机技术为依托，进行储存支付和流通；第二，应用广泛，可广泛应用于生产、交换、分配和消费领域；第三，集储蓄、信贷和非现金结算多种功能为一体；第四，现阶段电子货币的使用通常以银行卡为媒介；第五，电子货币具有使用简便、安全、迅速、可靠的特征。

电子货币通常在专用网络上传输，通过 POS、ATM 机器进行处理。近年来，随着 Internet 商业化的发展，网上金融服务已经在世界范围内开展。网络金融服务包括了人们的各种需要，如网上消费、家庭银行、个人理财、网上投资交易、网上保险等。这些金融服务的特点是通过电子货币进行及时电子支付与结算。

2. 电子货币的职能

第一，价值尺度职能。电子货币与商品货币、信用货币一样，价值尺度依然存在于电子货币之中。商品货币本身兼具商品的属性，具有价值，以其自身的价值作为货币的价值尺度。纸币是政府印制并标明价值数学符号的纸质证书，发挥价值尺度。电子货币建立在纸币或存款账户基础上，作为更抽象的数字化货币发挥价值尺度职能。

第二，流通手段职能。为了解决物物交易的困难，出现了金属货币。随着交易次数日益频繁，交易额日益增大，造成了金属货币称量、鉴定的不便。由于货币发挥流通手段职能，只起一种交换媒介作用，是转瞬即逝的事情，因此可以用本身完全没有价值的货币符号来替代，此时由国家发行而强制流通的价值符号纸币应运而生。随着高科技对金融领域的影响，作为一种数字化的价值符号电子货币代替纸币已成为一种必然，完成了货币的第二次飞跃。

第三，支付手段职能。货币和商品在买卖过程中不同时出现，即采用预付款或延期支付的方式进行交易，货币发挥支付手段的职能。电子货币比商品货币、纸币更具有支付中介优势，电子货币发挥支付手段职能的一个特点是将消费者信用、商业信用和银行信用三者有效地结合起来。当消费者购买商品时，因存款不足，由银行履行付款责任，同时消费者和银行形成贷款关系。电子货币发挥支付职能实质就是通过信用进行交易，形成可以相互抵消的债权债务关系，在最终结算时大部分债权债务关系相冲销，大大加快了交易的速度，提高了运作效率，同时也减少了货币的需求量。

第四，储存手段职能。货币的储存手段职能是与货币自然形态关系最为密切的职能。金属货币同时具有实物要素和货币要素，它作为储存职能具有被历史和文化接受的特点，但大量金属，如黄金的储存不仅需要支付费用，且收益很低。纸币代表一个债务符号，是发行国家与纸币本身的法律契约，是发钞国家对持有者的负债，国家信誉是有限信誉，尽管国家会努力承担其法律责任，但持有者无法控制发行国增加纸币发行的行为。电子货币的储存是以数字化形式存在的，所有者依赖密码掌握其支配权。金属货币和纸币的储存可以独立完成，但电子货币的储存是所有者无法独立完成的，必须依赖中介机构。

3. 电子货币的特征

第一，数字化形态。从形态上看，电子货币脱离了传统的货币形态，不再以贵金属、纸币等实物形式存在，而是以磁介质形式存在，是一种虚拟的货币。

第二，电子化手段。从技术上看，电子货币的发行、流通、回收等均采用现代科技的电子化手段，有些电子货币品种还实现了在Internet上的支付。而且，为防止伪造、复制、非法使用，电子货币采用了信息加密、数字签名、数字时间戳、防火墙等安全防范措施。

第三，结算方式票据化。从结算方式上看，无论电子货币在流通过程中经过多少次换手，其最后持有者均有权向电子货币发行者或其前手提出对等资金的兑换要求。这一点类似于票据。

第四，主体广泛性。从主体看，电子货币当事人一般包括电子货币发行者，电子货币使用者以及中介机构。电子货币的使用者可以是一个，也可以是多个；中介机构一般为银行等金融机构。

（二）电子现金

1. 电子现金概念

电子现金（Electronic Cash，E-cash）又称数字现金，是一种以数据形式流通的货币。它把现金数值转换成为一系列的加密序列数，通过这些序列数来表示现实中各种金额的市值，用户在开展电子现金业务的银行开设账户并在账户内存钱后，就可以在接受电子现金的商店购物了。

电子现金首次被戴维·乔姆发明并发行，到1995年底被设在美国密苏里州的马克·吐温银行接受。现在，电子现金及其支付系统已发展出多种形式。按电子现金载体来分，电子现金主要包括如下两类：一类是币值存储在IC卡片上；另一类就是以数据文件的形式存储在计算机的硬盘上。不同形式的电子现金实现的功能却是相同的，它们都是电子支付的重要工具。

2. 电子现金优点

第一，匿名。这同样是纸币现金的优点。买方用电子现金向卖方付款，除了卖方以外，没有人知道买方的身份或交易细节。如果买方使用了一个很复杂的假名系统，甚至连卖方都不知道买方的身份。

第二，不可跟踪性。不可跟踪性也是电子现金的一个重要特征。不可跟踪性可以保证交易的保密性，也就维护了交易双方的隐私权。除了双方的个人记录之外，没有任何关于交易已经发生的记录。因为没有正式的业务记录，连银行也无法分析和识别资金流向。也正是因为这一点，如果电子现金丢失了，就会同纸币现金一样无法追回。

第三，节省交易费用。电子现金使交易成本更加低廉，因为通过网络传输电子现金的费用比通过普通银行系统支付要便宜得多。为了流通货币，普通银行需要维持许多分支机构、职员、自动付款机及各种交易系统，这一切都无形地增加了银行进行资金处理的费用。而电子现金是利用已有的网络和用户的计算机，所以消耗比较小，尤其是小额交易更加合算。

第四，节省传输费用。普通现金的传输费用比较高，这是因为普通现金是实物，实物的多少与现金金额是成正比的，金额越大，实物货币越多。大额现金的保存和移动是比较困难和昂贵的。然而，电子现金流通没有国界，在同一个国家内流通电子现金的费用跟国际流通的费用是一样的。这样就可以使国际货币流通的费用比国内流通费用高出许多的状况大大改观。

第五，持有风险小。普通现金有被盗抢的危险，必须存放在指定的安全地点，如地下金库，而且在存放和运输过程中都要由保安人员看守。保管普通现金越多，所承担的风险越大，在安全保卫方面的投资也就越大。而电子现金持有的这类风险小很多。

第六，支付灵活方便。电子现金的使用范围比信用卡更广。信用卡支付仅限于被授权的商店，而电子现金支付却没有这层限制。

第七，防伪造。高性能彩色复印技术和伪造技术的发展使伪造普通现金变得更容易，但却不会影响到电子现金。

3. 电子现金存在的问题

第一，目前的使用量小。只有少数几家银行提供电子现金开户服务，也只有少数商家接受电子现金。

第二，成本较高。电子现金对于硬件和软件的技术要求都较高，需要一个大型的数据库存储用户完成的交易和电子现金序列号，以防止重复消费。

第三，存在货币兑换问题。由于电子货币仍以传统的货币体系为基础，因此各国银行只能以各国本币的形式发行电子现金，因此从事跨国贸易就必须要使用特殊的兑换软件。

第四，可丢失性。电子现金与普通钱币一样会丢失，如果买方的硬盘出现故障并且没有备份的话，电子现金就会丢失，就像丢失钞票一样。

第五，不排除出现电子伪钞的可能性。一旦电子伪钞获得成功，那么发行人及其客户所要付出的代价将可能是毁灭性的。

4. 电子现金的应用过程

购买 E-Cash：首先买方要在 E-Cash 发布银行开立 E-Cash 账号，并将足够资金存入该账户。

存储 E-Cash：使用计算机电子现金终端软件从 E-Cash 银行取出一定数量的电子现金并存在硬盘上。

用 E-Cash 购买商品或服务：买方与同意接收电子现金的卖方洽谈，签订合同，使用电子现金支付所购商品的费用。

资金清算：有两种方式。第一，双方支付只涉及买卖双方。在交易中，卖方用银行的公钥检验数字现金的数字签名。如果数字现金得到确认，卖方就把数字货币存入他的机器，随后再通过 E-Cash 银行将相应面值的金额转入自己的银行账户。第二，三方支付方式涉及买卖双方和银行，由于有银行的参与确认数字现金过程，支付的安全性更高。如图 4-1 所示。

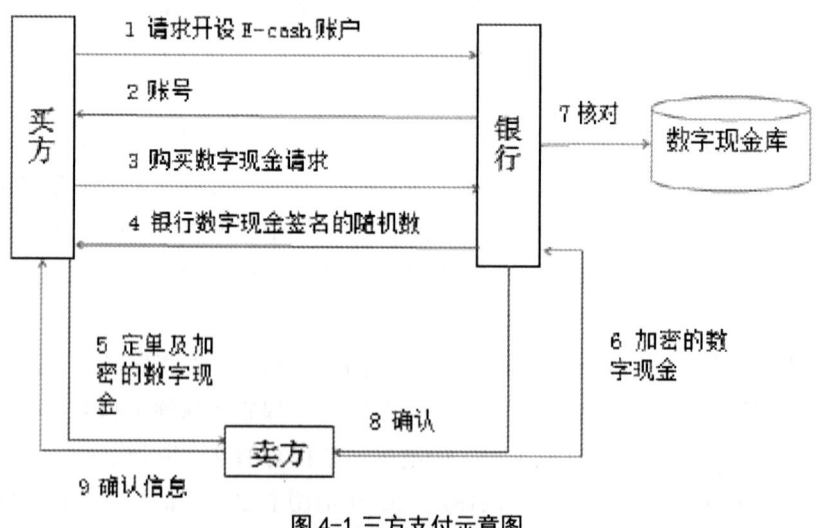

图 4-1 三方支付示意图

（三）电子支票

1. 电子支票的概念

电子支票（Electronic Check，E-check 或 E-cheque）是一种借鉴纸张支票转移支付的优点，利用数字传递将钱款从一个账户转移到另一个账户的电子付款形式。这种电子支票的支付是在与商户及银行相连的网络上以密码方式传递的，多数使用公用关键字加密签名或个人身份证号码（PIN）代替手写签名。电子支票的支付一般是通过专用的网络、设备、软件及一整套的用户识别、标准报文、数据验证等规范化协议完成数据传输，从而控制安全性。这一支付过程在数秒内即可实现。

2. 电子支票的优势

第一，电子支票与传统支票十分相似，客户不必再接受培训，且因其功能更强，所以接受度很高。

第二，电子支票适宜小额的清算。电子支票的传统的密码加密方式比以公开密钥加密的系统容易处理。收款人、收款人银行和付款人银行都可以使用公开密钥来验证支票。

第三，电子支票技术可连接公众网络金融机构和银行票据交换网络，以通过公众网络连接现有金融付款体系。

目前流行的主要因特网支票有：Netcheque，1995 年由南加利福尼亚大学的信息科学学院开发；PayNow，由 Cyber Cash 公司开发，以电子支票的形式支持微支付；Echeck，由美国财政部实验开发。

3. 电子支票支付流程

使用电子支票进行支付，消费者可以通过计算机网络将电子支票发向商家的电子信箱，同时把电子付款通知单发到银行，银行随即把款项转入商家的银行账户。这一支付过程在数秒内即可实现。电子支票交易的过程可分为以下几个步骤：

（1）消费者和商家达成购销协议并选择用电子支票支付。

（2）消费者通过网络向商家发出电子支票，同时向银行发出付款通知单。

（3）商家通过验证中心对消费者提供的电子支票进行验证，验证无误后将电子支票送交银行进行索付。

（4）银行在商家索付时通过验证中心对消费者提供的电子支票进行验证，验证无误后即向商家兑付或转账。

电子支票支付流程图如图 4-2 所示。

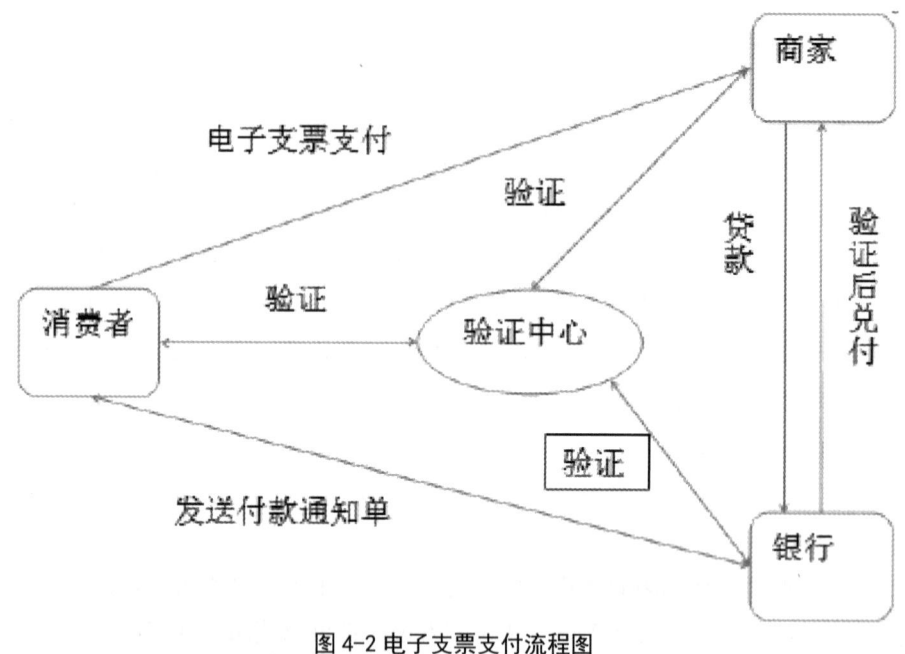

图4-2 电子支票支付流程图

（四）电子钱包

1. 电子钱包的概念

电子钱包，英文描述为：E-Wallet 或 E-Purse，它是一个用户用来进行安全网络交易，特别是安全网络支付并且储存交易记录的特殊计算机软件或硬件设备，就像生活中随身携带的钱包一样，能够存放用户的电子现金、信用卡号、电子零钱、个人信息等，经过授权后又可方便地、有选择地取出使用的新式网络支付工具，可以说是"虚拟钱包"。

2. 电子钱包的起源

英国西敏寺（National-Westminster）银行开发的电子钱包 Mondex 是世界上最早的电子钱包系统，于1995年7月首先在有"英国的硅谷"之称的斯温顿（Swindon）市试用。被广泛应用于超级市场、酒吧、珠宝店、宠物商店、餐饮店、食品店、停车场、电话间和公共交通车辆之中。这是由于电子钱包使用起来十分简单，只要把 Mondex 卡插入终端，3～5秒钟之后，卡和收据条便从设备付出，一笔交易即告结束，读取器将从 Mondex 卡中所有的钱款中扣除掉本次交易的花销。Mondex 卡终端支付只是电子钱包的早期应用，从形式上看，它与智能卡十分相似。而今天电子商务中的电子钱包则已完全摆脱了实物形态，成为真正的虚拟钱包了。

网上购物使用电子钱包，需要在电子钱包服务系统中进行。电子商务活动中的电子钱包软件通常都是免费提供的。用户可直接使用与自己银行账号相连接的电子商务系统服务器上的电子钱包软件，也可以通过各种保密方式利用互联网上的电子钱包软件。目前世界上有 VisaCash 和 Mondex 两大电子钱包服务系统，其他电子钱包服务系统还有 Master Card、Cash EuroPay 的 Clip 和比利时的 Proton 等。

3. 电子钱包的功能

电子钱包的功能和实际钱包一样，可存放信用卡、电子现金、所有者的身份证书、所有者地址以及在电子商务网站的收款台上所需的其他信息。电子钱包提高了购物的效率。消费者选好商品后，只要点击自己的钱包就能完成付款，大大加速了购物的过程。

电子钱包具有如下功能：第一，电子安全证书的管理：包括电子安全证书的申请、存储、删除等；第二，安全电子交易：进行 SET 交易时辨认用户的身份并发送交易信息；第三，交易记录的保存：保存每一笔交易记录以备日后查询，持卡人在进行网上购物时，卡户信息（如账号和到期日期）及支付指令可以通过电子钱包软件进行加密传送和有效验证。

使用电子钱包的顾客通常在银行里都是有账户的。在使用电子钱包时，将有关的应用软件安装到电子商务服务器上，利用电子钱包服务系统就可以把自己的各种电子货币或电子金融卡上的数据输入进去。在发生收付款时，如果顾客要用电子信用卡付款，例如用 Visa 卡或者 Master-Card 卡等收付款时，顾客只要单击一下相应项目（或相应图标）即可完成。在实际进行过程中，即从顾客输入订货单开始到拿到销售商店出具的电子收据为止的全过程仅需 5~20 秒。这种电子购物方式十分省事、省力、省时。购物过程中虽经过信用公司和商业银行等多次身份确认、银行授权、各种财务数据交换和账务往来等，但所有业务活动都是在极短的时间内完成的。

4. 电子钱包的使用步骤

（1）用户使用浏览器在商家的 Web 主页上查看在线商品目录浏览商品，选择要购买的商品。

（2）用户填写订单，包括：项目列表、价格、总价、运费、搬运费、税费。

（3）订单可通过电子化方式从商家传过来，或由用户的电子购物软件建立。

（4）顾客确认后，选定用电子钱包来支付。

（5）电子商务服务器对此信用卡号码采用某种保密算法算好并加密后，发送到相应的银行去，同时销售商店也收到了经过加密的购货账单，销售商店将自己的顾客编码加入电子购货账单后，再转送到电子商务服务器上去。

（6）如果经商业银行确认后拒绝并且不予授权，则说明顾客的这张电子信用卡上的钱数不够用了或者为零，或者已经透支。遭商业银行拒绝后，顾客可以再单击电子钱包的相应项重新打开，取出另一张电子信用卡，重复上述操作。

（7）如果经商业银行证明这张信用卡有效并授权后，销售商店就可交货。与此同时，销售商店留下整个交易过程中发生往来的财务数据，并出示一份电子收据发送给顾客。

（8）上述交易成交后，销售商店就按照顾客提供的电子订货单将货物在发送地点交到顾客或其指定的人手中。

5. 几种常见的电子钱包

（1）Agile Wallet：可处理消费者结算和购物信息，提供快速和安全的交易。消费者第一次用 Agile Wallet 购物时需要输入姓名、地址和信用卡数据。这些信息会被安全地存储在 Agile Wallet 服务器上。以后访问支持 Agile Wallet 的商家网站时，在商家的结算页面上会弹出有顾客购物信息的 Agile Wallet 框。消费者验证了框内信息的正确性后，用鼠标点击一次就可完成购物交易。消费者还可将新的信用卡和借记卡信息加入受保护的个人信息中。

（2）eWallet：免费的钱包软件，用户可下载并安装到自己计算机上。eWallet 将顾客个人信息和结算信息存在钱包里，甚至还专门为用户留出放照片的地方（就像真正的钱包一样）。购物完成时，只需点击图标并输入口令，然后从 eWallet 中选定信用卡并拖到结账表中，eWallet 就能把用户在安装软件时所提供的个人信息填写到表中。为保护用户的个人信息，eWallet 还有加密和口令保护措施。

（3）Microsoft Wallet：微软公司为钱包的标准化而推出的。用户输入 Microsoft Wallet 里的所有个人信息都经过加密并用口令进行保护。新版本还能同电子现金系统、网络银行账户及其他结算模式交互。目前它支持运通卡、Discover 卡、万事达卡和 Visa 卡。

（五）网上银行

1. 网上银行的定义与特点

网上银行又称网络银行、在线银行或虚拟银行，是指银行借助客户的个人电脑、通信终端（包括移动电话、掌上电脑等）或其他电子信息工具，通过 Internet 或其他公用信息网，向客户提供银行产品和服务的一种银行业务模式。银行产品和服务包括开户、销户、查询、对账、行内转账、跨行转账、信贷、网上证券、投资理财及提供其他电子支付的工具和服务，如电子货币等。使客户可以足不出户就能够安全便捷地管理活期和定期存款、支票、信用卡及个人投资等。可以说，网上银行是在 Internet 上的虚拟银行柜台。它具有以下特点：

第一，全面实现无纸化交易。以前使用的票据和单据大部分被电子支票、电子汇票和电子收据所代替；原有的纸币也被电子货币，即电子现金、电子钱包、电子信用卡所代替；原有纸质文件的邮寄变为通过数据通信网络进行传送。

第二，服务方便、快捷、高效、可靠，无时空限制，并可以向客户提供多种类、个性化服务。通过网络银行，用户可以享受到方便、快捷、高效和可靠的全方位服务。任何需要的时候使用网络银行的服务，不受时间、地域的限制，即实现 3A 服务（Anywhere、Anyhow、Anytime），这既有利于吸引和保留优质客户，又能主动扩大客户群，开辟新的利润来源。另外，通过互联网和银行支付系统，容易满足客户咨询、购买和交易多种金融产品（例如，销售保险、证券和基金等）的需求，客户除办理银行业务外，还可以很方便地进行网上买卖股票债券等，网上银行能够为客户提供更加合适的个性化金融服务。

第三，经营成本和交易费用低廉，有效提高银行盈利能力。由于网络银行采用了虚拟现实信息处理技术，网络银行可以在保证原有的业务量不降低的前提下，减少营业点的数量和人员费用，提高银行后台系统的效率。

第四，简单易用。网上 E-mail 通信方式也非常灵活方便，便于客户与银行之间以及银行内部的沟通。

2. 网上银行的分类

（1）纯粹的网上银行

纯粹的网上银行，又被称为直接银行（Direct Bank）或纯网络银行，是完全依赖于 Internet 的网上虚拟银行，所有银行业务服务全都通过 Internet 进行。这类银行一般只有一个办公场所，没有分支机构，也没有营业网点，几乎所有的银行业务都通过 Internet 进行。

这类银行虽然有低成本的优势，但没有传统银行业务基础及丰富的管理经验，发展网络银行就有很大的难度。这类银行仅在欧美短暂出现，其结果或者倒闭，或者被传统银行收购，变成依附传统银行的混合银行。没有传统银行支持，网络银行将独木难撑，会在盈利上存在很大问题。世界上第一家纯网络银行是 1995 年在美国成立的安全第一网络银行。安全第一网络银行（SFNB）由于亏损，在 1998 年 10 月被加拿大皇家银行金融集团所收购，但被收购后 SFNB 却又形成新的竞争优势，SFNB 的高技术基础与皇家银行丰富的金融领域的经验和 1 800 亿美元的雄厚资产相互结合，使 SFNB 继续保持在网络银行领域的领先优势。纯网络银行维斯潘网络银行（Wingspan Bank）于 2002 年倒闭，维斯潘银行在 1999 年成为独立的网络银行时，在启动之初共投入了大约 1 亿美金，但是该网络银行一直没有任何盈利的记录。

尽管纯粹的网上银行只是短暂地出现，但它毕竟是一条新的思路，让人们看到金融创新的方向。纯粹的网上经营是难以维持的，只有依附到传统业务上，充分发挥网络的优势，克服传统经营上的劣势，才能达到互补的双赢局面。

（2）混合银行

混合银行（Incumbent Bank），是指传统银行在互联网上建立网站，通过 Internet 开展网上银行业务服务。简单地说，就是传统银行服务在互联网上的延伸，这是目前网上银行的主要类型，也是绝大多数商业银行采取的网上银行发展模式。现在除了已经网络化的存款、汇款、付款等业务外，外币买卖、信用卡业务、企业融资、房屋汽车贷款、购买保险和理财咨询服务也都逐步地在进入网络银行的服务范围。

世界上许多著名的商业银行如花旗银行、大通曼哈顿银行、汇丰银行、美洲银行以及我国的各大银行如工商银行、中国银行、招商银行、建设银行、农业银行等，都已经在互联网上建立了自己的站点，为客户提供全天候不间断的银行服务。我国工商银行的"金融@家"，招商银行的"一网通"和建设银行的"e 路通"是我国网上银行的典范。

目前国内的网络银行都是传统银行通过自行研发，逐步开展本行的网上银行业务而发展起来的，都属于传统银行的一个新部门或新的分支机构，提供一部分传统银行业务服务。但是，这种单一的发展模式在很大程度上制约了国内网络银行业的整体发展水平。国内许多城市商业银行和一些中小股份制商业银行迟迟不敢推出真正具有网上支付能力的网络银行系统。而大银行也不敢贸然推出风险度较高的网上服务品种。仅凭各银行本身的力量，要想全面进入网络银行时代，还有很长的一段路要走。因此，国内银行应该将眼光放远，尝试着通过银行间的合并或与大企业进行合作开发，从而进入网络银行业务领域。如果进一步放开眼光，国内有实力的银行可以走出国门，拓展海外业务，选择外资的纯网络银行进行收购，将能够起到与加拿大皇家银行收购安全第一网络银行一样的效果。

3. 网上银行存在大的问题

（1）网上银行技术问题

网上银行业务的发展不光依赖于市场价格的波动、经济增长的质量，而且依赖于软硬件配置和技术设备的可靠程度。在很大程度上取决于其计算机安全技术的先进程度以及所选择的开发商、供应商、咨询或评估公司的水平。通过互联网进行交易，相关信息的保密性、真实性、完整性和不可否认性是最关键的因素。如何确保交易安全，为个人保密，就成为网上银行发展最需解决的问题。总体来说，网上银行业务技术问题分为以下3个方面：

第一，数据传输。一旦数据传输系统被攻破，就有可能造成用户的银行资料泄密，并由此威胁到用户的资金安全。

第二，网上银行应用系统的设计。一旦其在安全设计上存在缺陷并被黑客利用，将直接危害到系统的安全性，造成严重损失。

第三，来自计算机病毒的攻击。即由于网络防范不严，导致计算机病毒通过网上银行入侵到银行主机系统，从而造成数据丢失等严重后果。

（2）法律法规与现实的需求脱节问题

网上银行蓬勃发展，但是各国政府对网上银行和网上交易的法律、法规多不清晰，有很多含糊之处，并且缺乏专门规范网上银行的有关法律、法规，各国现行的法律和规制框架又存在许多冲突。网上资金转账只要有一个环节出现错误，资金就不能正常支付，就会发生法律方面的纠纷，需要法律进行调节。一个是系统出现故障和责任承担方面的法律问题。网上银行在处理业务时由于电脑系统的问题，在没有得到客户的同意下将指令发出或者是由于电脑系统的程序的错误和功能失效时，这些风险和责任应该由谁承担。另外一个是银行的监管机制方面的法律问题。银行的监管机制对于银行化解风险具有十分重要的意义。那么对于网上银行如何监管？由谁监管？这些都需要法律做出详细规定。网上银行业务产生的法律风险的还有另一个需要关注的问题。因特网与客户发展关系的一国银行可能并不熟悉另一些国家特定的银行法律和客户保护法律，由此大大增加了法律风险。

（3）金融业的网络建设缺乏整体规划

就目前国内网上银行业务的基础环境来看，由于基础设施落后造成资金在线支付的滞后，部分客户在网上交易时仍不得不采用"网上订购，网下支付"的办法。虽然工、农、中、建四大商业银行都有建立起自己的网站，但在网站的构架和服务内容上，仍然离电子商务和网络经济的要求有很大的距离。资金、人员等方面的投入严重不足，银行与高新技术产业结合不紧密，造成网络金融市场规模小、技术水平低，覆盖面小，基本上还停留在传统业务的电脑化上。同时，商业银行乃至整个金融业的网络建设缺乏整体规划，使用的软、硬件缺乏统一的标准，更谈不上拥有完整、综合的网上信息系统。

（4）监管管理意识和现有监管管理方式的滞后问题

在网上银行时代，账务收支的无纸化、处理过程的抽象化、机构网点的虚拟化、业务内容的大幅增加，均使现有的监管方式在效率、质量、辐射等方面大打折扣，如密码的保管和定期更换、主机房的安全管理、灾难备份、病毒防范,等等。监管信息的真实性、全面性及权威性面临严峻的挑战,对基于互联网的银行服务业务监管也将出现重大变化。

第二节　电子商务安全防范

电子商务的快速发展为企业的生产经营和人们的生活带来了巨大的变化。随着电子商务应用的广度和深度进一步扩展,它甚至逐步深入到了国民经济和日常生活的方方面面。但是,电子商务在发展过程中也遇到了瓶颈期,安全问题就是其中一个重要问题。电子商务安全问题不仅会造成一定的经济损失,而且会严重打击人们对电子商务发展的信心,所以,解决其发展过程中的安全问题是重中之重。

一、电子商务安全问题的主要表现

(一)信息安全问题

信息安全问题是指由于各种原因引起的信息泄露、信息丢失、信息篡改、信息虚假、信息滞后、信息不完善等,以及由此带来的风险。具体的表现有:窃取商业机密;泄露商业机密;篡改交易信息,破坏信息的真实性和完整性;接收或发送虚假信息,破坏交易、盗取交易成果伪造交易信息;非法删除交易信息;交易信息丢失;病毒导致信息破坏;黑客入侵等等。

如果信息被非法窃取或泄露,可能会给有关企业和个人带来严重的后果和巨大的经济损失。如果不能及时得到准确、完备的信息,企业和个人就无法对交易进行正确的分析和判断,无法做出符合理性的决策。非法删除交易信息和交易信息丢失也可能导致经济纠纷,给交易的一方或多方造成经济损失。

当今最常见的信息安全问题是信息的非法窃取和泄露,它往往引起连锁反应,形成后续风险,这也是目前企业和个人最担心的问题。比如本章案例导入中蔡先生的情况,就是由于信息的非法窃取,导致他蒙受了巨大的经济损失。当今大部分公司和个人受到网络攻击的主要原因就是密码管理不善。大多数用户使用的密码都是字典中可查到的普通单词姓名或者其他简单的密码。有86%的用户在所有网站上使用的都是同一个密码或者有限的几个密码。现今流行的很多木马病毒都是专门用于窃取网上银行密码而编制的。木马会监视IE浏览器正在访问的网页,如果发现用户正在登录个人银行,就会直接进行键盘记录输入的账号、密码,或者弹出伪造的登录对话框,诱骗用户输入登录密码和支付密码,然后通过邮件将窃取的信息发送出去。因此建议用户使用复杂的密码,降低密码被破译的可能性,提高计算机系统的安全性。需要注意:一是密码不要设置为姓名、普通单词、电话号码、生日等简单密码;二是结合字母、数字、大小写共组密码;三是密码位数应尽量大于9位。信息安全问题的典型表现是网络欺诈，比如常出现的"钓鱼平台"就是利用欺骗性的电子邮件和伪造的 Web 站点来进行诈骗活动，如将自己伪装成知名银行、在线零售商和信用卡公司等可信的品牌。受骗者会泄露自己的财务数据，如信用卡号、账户号和口令等。这些诈骗活动不仅使厂商和消费者在经济上蒙受重大损失，更重要的是可能会使人们对电子商务这种新的经济形式失去信心。因此在进行电子商务活动特别是网络支付时，首先要确认网站是不是官方网站，其次是仔细核对该网站的域名是否正确，注意"1"与"l""0"与"O"等情况，最后一定要保证良好的上网习惯，收藏常用的网址，减少网上链接。

（二）交易安全问题

交易安全问题是指电子商务交易过程中存在的各种不安全因素，包括交易的确认、产品和服务的提供、产品和服务的质量、货款的支付等方面的安全问题。与传统的商务交易形式不同，电子商务具有自己的特点：市场无界化，主体虚拟化，交易网络化，货币电子化，结算瞬时化等。这使得电子商务的交易风险表现出新的特点，出现新的形式，并且被放大。

当今电子商务的交易安全问题在现实中很多。例如：卖方利用自己发布信息的主动性优势，以次充好、以劣当优来发布虚假信息，欺骗购买者；卖方利用参与者身份的不确定性与市场进出的随意性，在提供服务方面不遵守承诺，收取费用却不提供服务或者少提供服务。当然也有相反的情况：买方利用卖方的诚实套取产品和服务，却以匿名、更名或退出市场等方式来逃避执行契约合同；还有买方利用电子商务交易的弱点，收到卖方的货品但是偷梁换柱、以假换真之后，再以各种理由找卖方退货。

（三）财产安全问题

财产安全问题是指由于各种原因造成电子商务参与者面临财产等经济利益风险。财产安全往往是电子商务安全问题的最终形式，也是信息安全问题和交易安全问题的后果。财产安全问题主要表现为财产损失和其他经济损失。财产的直接损失比如客户的银行资金被盗；交易者被冒名，其财产被窃取等。其他经济损失比如由于信息的泄露、丢失，使企业的信誉受损；由于遭受网络攻击或故障，企业电子商务系统效率下降甚至瘫痪等。

二、电子商务的安全要求

（一）交易的真实性

交易的真实性包括服务器的真实性、交易双方身份的真实性等。

（二）交易保密性

保密性是指保证一些敏感的信息不被泄露。开展电子商务的一个很大的安全威胁就是敏感的商业信息或个人信息（包括信用卡号、名字或地址信息等）被泄露。

（三）完整性

完整性是指数据在输入和传输的过程中，不被非法授权修改和破坏，保证数据的一致性。保证完整性则需要防止数据的丢失、重复及保证传送次序的一致。保证各种数据的完整性是电子商务应用的基础。数据的完整性被破坏可能导致贸易双方信息的差异，将影响贸易各方的交易顺利完成，甚至造成纠纷。

（四）即需性

即需性是指保证商业信息及时获得和保证服务不被拒绝。在电子商务过程中，参与各方能否及时进行数据交换，关系到电子商务的正常运行。破坏即需性后，计算机的处理速度非常低，低到一定程度就会影响电子商务的正常进行。例如，一个网上股票交易系统如果不能将股市行情及时通报给股民，那么系统就不会有人用，一台自动取款机的交易处理速度慢到让人不能容忍的程度，用户就会放弃自动取款机交易。如果客户要求的服务被拒绝，同样会失去客户。

（五）有效性

电子商务以电子单证、电子信息取代了纸质单证和传统媒体信息，保证电子单证和电子贸易信息的有效性是开展电子商务的前提。电子商务作为贸易的一种形式，其信息的有效性将直接关系到交易的有效性。交易的有效性在交易的价格、期限及数量等方面尤为重要。接收方必须能证实所接收的数据是原发送方发出的，而原发送方也必须能证实只有指定的接收方才能接收。

（六）不可抵赖性

电子商务交易双方不是面对面的交易，双方都无法按照传统方式确认对方的身份，电子商务中的身份认证就显得尤为重要。不可抵赖性包括对自己的行为的不可抵赖及对行为发生的时间的不可抵赖。通过进行身份认证及数字签名可以避免交易行为的不可抵赖，通过数字时间戳可以避免对行为发生时间的不可抵赖。

三、电子商务安全的应对策略

（一）加强网络基础设施建设

网络基础设施的建设直接影响到电子商务的效率，而我国在近几年加大了这方面的投入，并已经取得了一定的进步，但总体情况仍不容乐观，地区之间发展还不平衡。今后国家应继续加大网络建设投入力度，进一步鼓励企业加大对信息产业的投资，进一步增强电子商务发展的网络基础；要扩大国际出口宽带的建设，解决原有网络宽带速度较低、网络运行质量差和电信资费高等问题，并缩小东西部、南北方的差距；要采取切实措施，构建一个值得信赖并能够保证信息的完整性和安全性的多层次的开放网络体系，改善国内用户电子商务的使用环境。

（二）加强安全技术的研究和应用

目前，电子商务应用还刚刚开始，许多方面都还不够完善，安全技术及其应用还不能满足电子商务发展的需要。这就要求我们密切关注电子商务的动向，关注电子商务安全技术，加大投入力度，研究更加先进可靠、经济适用的安全技术。同时，安全技术不是单一的技术，技术的综合应用是保证电子商务安全的一个重要方面，因此应当加大技术应用环节的投入。可以采取的应用措施有：使用容错计算机系统或创造高可用性的计算机环境，以确保信息系统保持可用及不间断动作；灾害复原计划——提供一套程序与设备来重建被中断的计算与通信服务；加密是一种广泛使用的技术，可以确保因特网上信息传输的安全；数字证书可确认使用者的身份，为电子交易提供了更进一步的保护；加强主机本身的安全，做好安全配置，及时安装安全补丁程序，减少漏洞；从路由器到用户各级建立完善的访问控制措施，安装防火墙，加强授权管理和认证；对敏感的设备和数据要建立必要的物理或逻辑隔离措施；建立详细的安全审计日志，以便检测并跟踪入侵攻击等。

（三）提高从业人员的技术水平和整体素质

首先，要加强现有从业人员的培训，提高现有人员的技术水平，增强其安全意识，提高其应对安全问题的能力。其次，要加强电子商务人才的培养。应充分利用各种途径和手段培养大量素质高、层次合理、专业配套的网络、计算机及经营管理等方面的专业人才，特别是掌握现代信息技术和现代商贸理论与实务的复合型人才。最后，要提高企业电子商务管理水平。安全问题不仅有技术的原因，管理落后也是一个重要方面。企业要建立适应电子商务发展的管理体系，培养合格的管理人才，提升整体管理水平。

（四）加强法律法规建设

加强法律法规建设包括两个方面的内容：一是要完善原有的法律体系并进行必要的调整；二是为适应发展的需要制定新的法律法规。要积极开展立法的各项准备工作，循序渐进，突出重点，先易后难，先单项后综合，在实践中摸索，在发展中完善，针对不同的法律问题，提出新的解决方案，并制定相应的法律法规。不具备制定法律法规要求的，可以先制定"条例""细则"等规范性法律文件，逐步强化电子商务立法。当前一项重要的任务是要抓紧研究电子交易、信用管理、安全认证、在线支付、税收、市场准入、隐私权保护、信息资源管理等方面的法律法规问题，尽快制定出台可以具体操作的《电子商务法》。

（五）加强诚信建设

首先，要建立健全社会信用制度及管理体系。要加快信用立法，完善经济活动实名制，健全个人财产申报制度，实行个人破产制度等，以形成对信用体系的强势约束力，确保个人信用制度的健康发展。其次，建立完善的企业制度，培养优秀的企业文化。要以提高企业价值作为经营的根本，把自主性和自律性的道德标准作为企业的重要组成部分，进而建立以诚信为基础的企业文化。再者，建立企业和个人的信用评价与监管机构。建立起以政府为背景的包括银行、工商管理、公安、税务部门协同的跨部门企业和个人信用评价与监管体系，实现跨部门、跨行业、跨地区的信用信息互联互通。同时，提高失信行为的成本，以约束失信行为。最后，加大对企业的监管力度，完善各种监管系统。

四、电子商务安全防护技术

（一）防火墙技术

火墙指的是一个由软件和硬件设备组合而成、在内部网和外部网之间、专用网与公共网之间的界面上构造的保护屏障、是一种获取安全性方法的形象说法，它是一种计算机硬件和软件的结合，使 Internet 与 Intranet 之间建立起一个安全网关（Security Gateway），从而保护内部网免受非法用户的侵入。

1. 防火墙的基本特征

第一，内部网络和外部网络之间的所有网络数据流都必须经过防火墙。这是防火墙所处网络位置特性，同时也是一个前提。因为只有当防火墙是内、外部网络之间通信的唯一通道，才可以全面、有效地保护企业内部网络不受侵害。

第二，只有符合安全策略的数据流才能通过防火墙。防火墙最基本的功能是确保网络流量的合法性，并在此前提下将网络的流量快速地从一条链路转发到另外的链路上去。

第三，防火墙自身应具有非常强的抗攻击免疫力。这是防火墙之所以能担当企业内部网络安全防护重任的先决条件。防火墙处于网络边缘，它就像一个边界卫士一样，每时每刻都要面对黑客的入侵，这样就要求防火墙自身具有非常强的抗击入侵本领。它之所以具有这么强的本领，其操作系统本身是关键，只有自身具有完整信任关系的操作系统才可以谈论系统的安全性。其次就是防火墙自身具有非常低的服务功能，除了专门的防火墙嵌入系统外，再没有其他应用程序在防火墙上运行。当然这些安全性也只能说是相对的。

2. 防火墙的类型

第一，包过滤（Packet filtering）型。包过滤型防火墙工作在 OSI 网络参考模型的网络层和传输层，它根据数据包头源地址、目的地址、端口号和协议类型等标志确定是否允许通过。只有满足过滤条件的数据包才能被转发到相应的目的地，其余数据包则被从数据流中丢弃。

包过滤方式的优点是不用改动客户机和主机上的应用程序，因为它工作在网络层和传输层，与应用层无关。但其弱点也是明显的：过滤判别的依据只是网络层和传输层的有限信息，因而各种安全要求不可能充分满足；在许多过滤器中，过滤规则的数目是有限制的，且随着规则数目的增加，性能会受到很大的影响；由于缺少上下文关联信息，不能有效地过滤如 UDP、RPC（远程过程调用）一类的协议；另外，大多数过滤器中缺少审计和报警机制，它只能依据包头信息，而不能对用户身份进行验证，很容易受到"地址欺骗型"攻击。因此，过滤器通常是和应用网关配合使用，共同组成防火墙系统。

第二，应用代理（Application Proxy）型。应用代理型防火墙是工作在 OSI 的最高层，即应用层。其特点是完全"阻隔"了网络通信流，通过对每种应用服务编制专门的代理程序，实现监视和控制应用层通信流的作用。

代理类型防火墙的最突出的优点就是安全。由于它工作于最高层，所以它可以对网络中任何一层数据通信进行筛选保护，而不是像包过滤那样，只是对网络层的数据进行过滤。

另外代理型防火墙采取是一种代理机制，它可以为每一种应用服务建立一个专门的代理，所以内、外部网络之间的通信不是直接的，都需先经过代理服务器审核，通过后再由代理服务器代为连接，根本没有给内、外部网络计算机任何直接会话的机会，从而避免了入侵者使用数据驱动类型的攻击方式入侵内部网。

代理防火墙的最大缺点就是速度相对比较慢，当用户对内外部网络网关的吞吐量要求比较高时，代理防火墙就会成为内外部网络之间的瓶颈。因为防火墙需要为不同的网络服务建立专门的代理服务，在自己的代理程序为内、外部网络用户建立连接时需要时间，所以给系统性能带来了一些负面影响，但通常不会很明显。

3. 防火墙的功能

第一，保护已受攻击的服务。防火墙能过滤那些不安全的服务。只有预先被允许的服务才能通过防火墙，防止用户的非法访问和非法用户的访问，这样就降低了受到非法攻击的风险性，大大提高了企业内部网的安全性。

第二，控制对特殊站点的访问。防火墙能控制对特殊站点的访问，如有些主机能被外部网络访问而有些则要被保护起来，防止不必要的访问。

第三，集中化的安全管理。对一个企业而言，使用防火墙可能比不使用防火墙更经济一些，因为使用了防火墙，就可以将所有修改过的软件和附加的安全软件都放在防火墙上集中管理。若不使用防火墙，就必须将所有软件分散到各个主机上。

第四，集成入侵检测功能。防火墙提供了监视互联网安全和预警的方便端点。

第五，对网络访问进行日志记录和统计。如果所有对互联网的访问都经过防火墙，那么防火墙就能记录下这些访问，并能提供网络使用情况的统计数据。当发生可疑操作时，防火墙就能够报警并提供网络是否收到监测和攻击的详细信息。

（二）加密技术

加密技术虽然历史悠久，但在现代的电子商务领域仍然占有相当重要的地位。而且加密技术随着算法、计算机技术的发展，其功能也越来越强大。

所谓加密就是将明文（原信息）经过处理转换成密文（与原信息不同的、不易理解的信息）的过程，解密是加密的逆过程，即将密文翻译成明文的过程。加密/解密必须遵循明文与密文的相互变换是唯一的、无误差的可逆变换的规则。

1. 数据加密标准

数据加密标准（Data Encryption standard，DES）是由 IBM 公司 20 世纪 70 年代初开发的，于 1977 年被美国政府作为商业和非保密信息的加密标准被广泛采用。尽管该算法较复杂，但易于实现。它只对小的分组进行简单的逻辑运算，用硬件和软件实现起来都比较容易，尤其是用硬件实现时该算法的速度很快。

第一，DES 算法的描述。DES 算法将信息分成 64bit 的分组，并使用 56bit 长度的密钥。它对每一个分组，使用一种复杂的变位组合、替换，再进行异域运算和其他一些过程，最后生成 64bit 的加密数据。经过精心设计，DES 的解密和加密可使用相同的密钥和相同的算法，两者的唯一不同之处是密钥的次序相反。

第二，DES 算法的安全性。DES 算法的加密和解密密钥相同，属于一种对称加密技术。对称加密技术从本质上说都是使用替代密码和换位密码进行加密的。

DES 的安全性长期以来一直都受到人们的怀疑。主要是因为 DES 算法的安全性对于密钥的依赖性太强，一旦密钥泄露出去，那么跟密文相对应的明文内容就会暴露无遗。DES 对密钥的过分依赖使得穷举破解成为可能。在早期 20 世纪 70、80 年代由于专门用于穷举破译 DES 的并行计算机的造价太高，而且要从 256 种密钥中找出一种来，还是相当费时、费力的，用 DES 算法来保护数据是安全的。现在，由于计算机的运算速度、存储容量以及跟计算相关的算法都有了比较大的改进，56 位长的密钥对于保密价值高的数据来说已经不够安全了。当然，可以通过增加密钥长度来增加破译的难度进而增加其安全性。

第三，密钥的分发与保护。DES 的加密算法和解密算法使用相同的密钥。通信双方进行通信前必须事先约定一个密钥，这种约定密钥的过程称为密钥的分发或交换。关键是如何进行密钥的分发才能在分发的过程中对密钥保密，如果在分发过程中密钥被窃取，再长的密钥也无济于事。

2. 加密技术的分类

第一，对称加密。如果一个加密系统的加密密钥和解密密钥相同，或者虽然不相同，但是由其中任何一个可以很容易地推导出另一个，则其所采用的就是对称密码算法。对称密码算法的密钥必须妥善保管，因为任何人拥有了它就可以解开另一个加密信息。

对称密码算法的优点是计算开销小，加密速度快，是目前用于信息加密的主要算法。但是，对称加密技术存在着在通信的贸易方之间确保密钥安全交换的问题。此外，当某一贸易方有 N 个贸易关系，那么他就拥有并维护 N 个专用密钥。对称加密方式存在的另一个问题是无法鉴别贸易发起方或贸易最终方；因为贸易双方共享同一把专用密钥，贸易双方的任何信息都是通过这把密钥加密后传送给对方的，因而也不能保证信息传递的完整性。

第二，非对称加/解密。上述的对称密钥系统并没有真正解决问题。例如，如果接受者不知道这个密钥怎么办？传过去是否又面临把这个密钥加密的问题？于是就有了非对称加密系统，即加密密钥和解密密钥不相同，并且由加密密钥推导出解密密钥（或者由解密密钥推导出加密密钥）在计算上是不可行的，这就是非对称密码算法。在采用非对称密码算法的加密系统中，每个用户都有两个密钥：一个是可以告诉所有用户的，称为公开密钥（公钥）；一个是由用户自己秘密保存的，称为秘密密钥（私钥）。由于它具有每对密钥为用户专用，并且其中一个可以公开的特点，所以非常适用于密钥分发、数字签名、鉴别等。

电子商务的安全加密系统倾向于组合应用对称密码算法和非对称密码算法，对称密码算法用于信息加密，非对称密码算法用于密钥分发、数字签名、完整性及身份鉴别等。对文件加密传输的实际过程包括四步：第一步，文件发送方产生一个对称密钥，并将此密钥用文件接收方的公钥加密后，通过网络传输给接收方；第二步，文件发送方用对称密钥将需要传输的文件加密后，通过网络传输给接收方；第三步，接收方用自己的私钥将收到的经过加密的对称密钥进行解密，得到发送方的对称密钥；第四步，接收方用得到的对称密钥将接收到的经过加密的文件进行解密，从而得到文件的原文。

第三节 电子商务法律保障

各种信息技术的发展和安全电子交易协议的完善，使电子商务的发展势不可当。但电子商务越是发展，越需要秩序的规范和安全的保障。法律是秩序的保障，电子商务也需要法律条文来规范和保证其安全。由于电子商务是建立在因特网基础之上的新的商务形态，其虚拟性和跨国界性等特征与过去的法律难免产生冲突，出现一系列新的法律问题，使得传统的法律无能为力。制定电子商务的相关法律和条文，并对原有商务、税务等法律中与电子商务冲突的条文进行修改和完善，已经迫在眉睫。电子商务立法也逐渐成为规范、推动电子商务健康、快速发展的前提和条件。

一、电子商务法律概述

（一）电子商务法律的含义

电子商务法律有广义与狭义两种理解：广义的电子商务法包括了电子商务交易的各环节以及当事人的实体权利义务。广义的电子商务法，是与广义的电子商务概念相对应的，它包括了所有调整以数据电信方式进行商务活动的法律规范，其内容极其丰富。除了上述调整以电子商务为交易形式的规范之外，还包括调整以电子信息为交易内容的许多新规范；狭义的（即形式意义上的）电子商务法，就是要为各种实体性的电子商务关系提供一个基础法律环境。

（二）电子商务与法律的相关性

与传统的面对面的交易相比，电子商务的虚拟性、国际性等特点表现出对法律更大的依赖，这主要表现在以下方面。

第一，电子商务常常是远程异地网上交易，代替了面对面、一手交钱一手付货的传统交易模式。这对交易过程的安全和诚信提出了新的要求。

第二，电子支付和认证信息取代传统的纸质现金和凭证，对信息安全技术、加密技术的要求和交易各方身份的认证技术提出更高要求。

第三，电子商务是通过互联网、网站服务器等组成的虚拟环境实现的，交易过程超越企业、地区甚至国家的范围，因此对征税等问题需要进行新的规则和提供新的技术支持。

第四，电子商务规则的制定不能单靠一个企业、行业，甚至一个国家，需要全国乃至全世界各国的探讨和协调。

第五，电子商务的技术推陈出新，会不断引发新的问题，因此会对法律提出新的挑战。

二、电子商务立法的重要性

（一）电子商务对我国现代法律的挑战

1. 电子商务对合同法的挑战

在电子商务实施中，交易信息是以数据电文的形式传递的，那么，电子要约和承诺的构成、生效条件是什么？电子合同的形式是什么（口头的、书面的，还是其他）？合同成立、生效的时间和地点与传统合同有什么不同？无纸电子合同争议发生后，没有原件的打印，合同是否具有证明力？这一系列问题都是传统合同法难以回答和解决的，要求我们必须研究制定新的合同法规则或建立电子商务法。

2. 电子商务对知识产权法的挑战

互联网是大容量信息存储和传递的平台，有一部分信息都是从网外媒体上得到的，有一部分是其他网站转载的，还有一部分是原创的。那么未经过同意和支付报酬就使用网络信息的网站或用户就构成著作侵权。如经过同意和支付报酬后使用，那么网站将难以发展，而且每件作品的使用均得到作者同意也很难操作。如何在保护作者权益和维持网站信息的丰富多样性之间寻求平衡，是著作权法的新任务。

3. 电子商务对银行法的挑战

商务活动的支付手段较早实现了电子化支付，如信用卡支付、网上结算、电子资金划拨等。网络支付越来越普及，传统银行法中货币发行、支付风险、支付责任等规定很难直接套用于电子支付行为。在电子支付过程中，电子货币的发行人是哪些机构、电子支付的安全性由谁保障、支付中出现现金冒领等损失由谁承担等问题，都应制定新的法律规范予以调整。

4. 电子商务对证据法的挑战

在传统的诉讼法中，证据的种类、证据的形式、证据的证明力等都与纸质介质的证据有一定的关系。而数据电文若没原件，诉讼中的举证方法如何确定？数据电文作为证据，它是独立的证据种类，还是传统证据的某一种形式？数据电子证据的排他性、防伪造问题如何解决等，都是现有的证据法难以回答的。

5.电子商务对消费权益保护法的挑战

法律强调对消费者权益的保护是为了维护交易双方的实体平等。为此，消费者权益保护法赋予了消费者一系列的权利。但在电子商务环境下，消费者的角色发生了变化，消费者行为更信用化、理性化、个性化，同时在虚拟的网络市场中，消费者更关注自身权益能否得到法律的切实保护。现有消费者保护法，无法对网上消费者、对商品和服务的知情权、退货权、隐私权等提供充分的保护。所以，应当考虑电子商务消费者的消费特点，制定新的电子商务消费者权益保护规则。

6.电子商务对税法的挑战

现有的税法和税种主要建立在商务主体开发的传统商务模式之上。交易双方的交易信息和账册都存储在纸质介质上，营业主体都有固定的地点和经营范围，利于税务部门的核查、监控及催收。在电子商务实施过程中，营业主体的地点和经营范围不固定，数据信息易于删除、修改、复制等。这为税务部门获取电子商务的真实交易资料带来极大的不便。此外，电子商务中生产、流通、分配、消费等环节的界限也在一定程度上难以区分，这对网上交易征税时税种的确定也带来困难。为适应电子商务交易的特点，有必要制定电子商务税收法律制度。

（二）我国电子商务立法的现状

与美国、欧盟等西方国家相比，我国的电子商务立法相对落后。存在的一些主要问题包括：第一，立法层次普遍较低；第二，电子商务法与网络立法界限不清；第三，分别立法现象、法律重复建设现象严重；第四，现行法律的修订相对滞后；第五，大多针对表层问题，在深层问题上缺乏相关法规的规范。

（三）我国电子商务立法的作用

电子商务是依托 Internet 而兴起的一种全新商务模式，也是未来商务发展的一个必然趋势，代表着未来贸易方式的发展方向。电子商务的快速成长必然涉及社会生活的各个层面，其独特的运作方式向现有的商务规范提出了技术、财务和交易安全等方面的重大挑战，并涉及民商法、刑法、经济法、行政法、程序法等几乎所有方面的法律问题，因而，没有法律规范的电子商务是难以正常发展的，电子商务立法更是推动电子商务发展的前提和保障。及时制定并出台相应的法律法规，鼓励、引导、维护电子商务沿着正确轨道前进，是当前中国立法工作的一项重要任务。

二、电子商务法律的安全保障

（一）我国涉及交易安全的法律法规

在现代社会的各个环节中，商品的交换扮演了非常重要的角色。相对于生产、分配及消费而言，交换体现了动态的效益价值。而交换秩序则是实现交换价值的基本前提。这种基本前提在法律上就表现为对交易安全的保护。交易安全较之静态的财产安全，在法律上亦体现了更丰富的自由、争议、效益与秩序的价值元素。

我国现行的涉及交易安全的法律法规主要有四类：

第一，综合性法律。主要是民法通则和刑法中有关保护交易安全的条文。第二，规范交易主体的有关法律。如公司法、国有企业法、集体企业法、合伙企业法、私营企业法、外资企业法等。第三，规范交易行为的有关法律。包括经济合同法、产品质量法、财产保险法、价格法、消费者权益保护法、广告法、反不正当竞争法等。第四，监督交易行为的有关法律。如会计法、审计法、票据法、银行法等。

我国法律对交易安全的研究起步较晚，且长期以来注重对财产静态权属关系的确认和静的安全保护，未能反映现代市场经济交易频繁、活泼、迅速的特点。虽然上述法律制度体现了部分交易安全的思想，但大都没有明确的交易安全规定，在司法实践中也没有按照这些制度执行。如《民法通则》第六十六条规定的"本人知道他人以本人的名义实施民事行为而不做否认表示则视为同意"，体现了交易安全中表见代理的思想，但却没有形成一套清晰的表见代理制度。在立法和司法解释上，背离交易安全精神的规范大量存在。在立法上，如《民法通则》第五十八条、《经济合同法》第七条关于民事行为无效的规定，过分扩大民事行为无效的范围，有损于交易主体对其交易行为的合法性信赖即交易安全利益。在司法解释方面，1987年7月21日最高人民法院《关于在审理经济合同纠纷案件中具体适用〈经济合同法〉的若干问题解答》中，明显过分偏置静的安全，而忽视动的安全，背离交易安全保护的精神。

（二）我国涉及计算机安全的法律法规

1. 国际互联网出入信道的管理

《中华人民共和国计算机信息网络国际联网管理暂行规定》规定，我国境内的计算机互联网必须使用国家公用电信网提供的国际出入信道进行国际联网。任何单位和个人不得自行建立或者使用其他信道进行国际联网，除国际出入口局作为国家总关口外，电信部还将中国公用计算机互联网划分为全国骨干网和各省、市、自治区接入网进行分层管理，以便于对入网信息进行有效的过滤、隔离和监测。

2. 市场准入制度

《中华人民共和国计算机信息网络国际联网管理暂行规定》规定了从事国际互联网经营活动和从事非经营活动的接入单位必须具备以下条件：

（1）是依法设立的企业法人或者事业单位。
（2）具备相应的计算机信息网络、装备以及相应的技术人员、管理人员。
（3）具备健全的安全保密管理制度和技术保护措施。
（4）符合法律和国务院规定的其他条件。

《中华人民共和国计算机信息系统安全保护条例》规定，进行国际联网的计算机信息系统，由计算机信息系统的使用单位报省级以上的人民政府公安机关备案。

3. 安全责任

网络系统安全保障是一个复杂的系统工程，涉及诸多方面，包括技术、设备、各类人员、管理制度及法律调整等，需要在网络硬件及环境、软件和数据、网际通信等不同层次上实施一系列不尽相同的保护措施。只有将技术保障措施和法律保障措施密切结合起来，才能实现安全性，保证我国计算机网络的健康发展。

（1）从事国际互联网业务的单位和个人，应当遵守国家有关法律、行政法规，严格执行安全保密制度，不得利用国际互联网从事危害国家安全、泄露国家秘密等违法犯罪活动，不得制作、查阅、复制和传播妨碍社会治安的信息及淫秽色情等信息。

（2）计算机网络系统运行管理部门必须设有安全组织或安全负责人，其基本职责包括：保障本部门计算机网络的安全运行；制定安全管理的方案和规章制度；定期检察安全规章制度的执行情况，负责系统工作人员的安全教育和管理；收集安全记录，及时发现薄弱环节并提出改进措施；向安全监督机关和上一级主管部门报告本系统的安全情况。

（3）每个工作站和每个终端都要建立健全网络操作的各项制度，加强对内部操作人员的安全教育和监督，严格网络工作人员的操作职责，加强会场、口令和授权的管理，及时更换有关密码、口令；重视软件和数据库的管理和维护工作，加强对磁盘文件和软盘的发放、保管，禁止在网上使用非法软件、软盘。

（4）网络用户也应增强安全意识，注意保守秘密，并对自己的资金、文件、情报等机要事宜经常检查，杜绝漏洞。

（三）我国加强法律安全保障的措施

1. 加大法制宣传力度

计算机网络已经在全社会普及，网络安全也日益关系到每一个人的切身利益。当自己的计算机被病毒侵害，被黑客入侵，而造成数据丢失、硬盘烧毁时，人们都会感到极度的痛苦和愤怒。如果发生在电子商务活动中，还会造成直接的经济损失。对于一个单位、一个国家来说，网络系统出现问题，破坏的影响面会更大，损失会更严重。所以，必须从战略高度认识这一问题，在各个应用领域、教育层次开展网络安全教育，普及网络安全知识，宣传网络安全法律法规，使人们的安全意识跟上计算机网络飞速发展的步伐。

2. 计算机安全犯罪的惩处

在新刑法中对于计算机犯罪《刑法》明确规定了惩处量刑。

（1）《刑法》285条规定，犯非法侵入计算机信息系统罪的，处3年以下有期徒刑或拘役。

（2）《刑法》286条第1款规定，犯破坏计算机信息系统罪的，处5年以下有期徒刑或拘役；后果特别严重的，处5年以上有期徒刑。

（3）《刑法》286条第2款规定，破坏计算机信息系统数据、应用程序罪的，依据

286 条第 1 款规定处罚，即处 5 年以下有期徒刑或拘役；后果特别严重的，处 5 年以上有期徒刑。

（4）《刑法》286 条第 3 款规定，犯制作、传播计算机破坏性程序罪的，依 286 条第 1 款规定处罚，即处 5 年以下有期徒刑或拘役；后果特别严重的，处 5 年以上有期徒刑。

第五章　农村电子商务总论

在信息化时代高速发展的今天，电子商务给农村经济带来了新的发展生机，在这一趋势下，农村经济得到了快速发展，其突破了传统农产品交易渠道的限制，让农民这样的小生产者能直接对接大市场，减少交易环节，节省交易成本，扩大交易范围，提高交易效率。

第一节　农村电子商务的概述

电子商务，是指以电子形式开展的商务活动。具体来说，商品供应商、客户、管理者（政府、行业协会等）通过电子邮件、即时聊天工具交流，共享各种商务信息，并用电子工具管理和完成交易活动。而农村电子商务指的是农产品电子商务。

一、农村电子商务的概念

电子商务就是运用计算机、网络以及远程通信等专业技术，通过网上各式各样的商品信息、全方位完善的物流配送系统和方便安全的资金结算方式来进行的交易，实现整个商务交流的过程。商家可以通过网络的环境，实现从原材料查询、采购、产品展示、订购到出口、储运以及电子支付等一系列的贸易交易活动。特点是解决了传统商务活动的时间、空间的障碍，让流通环节减少。在当前世界范围内，各行各业开展的电子商务都离不开其业务模式的建设与选择。

具体来说，农村电子商务也不例外。将电子商务运营模式导入整个农产品营销体系中，让农产品有更多的供销途径和多重选择进入市场，能给农产品的产前、产中和产后等各个方面带来好处。农村电子商务是在农村商务市场中应用信息化以及数字化的技术手段，从而使得成本降低，效益提高。作为双向市场，农村商务市场涵盖了农村的农产品供给市场与消费市场。农村的消费市场指的是基于农村范围中各种产品消费关系的整体。农民的消费主要包括以下两个方面：第一，包括农业、机械、化肥等的生产过程需要的农资产品；第二，包括食品、衣服以及日用品等在内的生活所需品。也就是说，农村消费市场为农民群众买东西提供平台。农产品的供给市场指的是在农民对于农业活动中获得的农产品进行出售的平台。一般而言，农产品指的是农作物，水果、生猪、渔业产品、畜牧业产品等初级产品。农村供应市场满足了消费者对农产品的需求，也为农民买卖东西提供了交易场所。

可见，农村电子商务包括农村电子商务消费及农产品供给商务两个方面。

农村电子商务服务包括农业网站、网上农贸市场、BtoC 购物网站和招商引资等内容。农业网站为涉农主体提供生产技术信息、农产品价格信息，帮助农民和农业企业能够迅速获得各种农业信息，有利于农业的生产发展；网上农贸市场迅速传递农产品供求信息，传递农产品市场行情和动态、发布产品信息、促进商业合作，很大程度上解除了农产品交易的信息不对称问题，介绍了各地的特色经济、特色产业、名优企业和产品等，拓展了产品销售渠道，加快了地区特色经济的发展；BtoC 购物网站，包括淘宝商城、京东商城等在内，都在千方百计地开展电子商务进农村行动，为农民提供各种便宜实用的生活用品；政府部门通过搭建招商引资平台，介绍当地开发区和生产基地的建设情况、招商信息、投资环境以及优惠条件，以吸引更多的投资者来进行生产经营活动。

二、农村电子商务的基本要素

农村电子商务的基本要素主要有四个层面，包括信息流、资金流、物流和安全等。

（一）信息流

信息流是农村电子商务区别于传统商务的最大优势。受自然地理条件的限制，农村生产存在规模小、分散的特点。农村电子商务通过互联网交换信息，能更加快速、更加低廉，打破了地域和时间限制。

（二）资金流

资金流是农村电子商务的重要组成部分。在农村电子商务交易过程当中，网上支付等金融服务的必要性越来越明显，重要性也越来越大。目前，随着电子货币的普及、网络安全度的提高、买卖双方信任度的提升，电子支付已成为发展农村电子商务的关键环节。

（三）物流

物流能减少中间环节，降低交易成本，在提供全球化、个性化服务过程中具有不可替代性。完备的物流体系可以提高农村电子商务的效能和效益，从而可以支撑电子商务在农村的迅速发展。

（四）安全

农村电子商务能否顺利完成的关键，就是取决于网络安全措施。这必须依靠技术、信用、法律、监管等手段加以解决。应从各方面加大引导力度，共同创建具有良好信用意识的社会环境，把社会信用评价体系尽快建立完善起来，同时不断完善有关法律和相关制度，为农村电子商务提供优质的资信服务。

综上所述，物流是农产品流通的物质基础；信息流贯穿农村电子商务的全过程，资金流在信息流的引导下正向流动；安全措施是农村电子商务过程顺利完成的保证。这四个要素之间有着内在必然的联系，它们相互支撑、协同作用，构成了闭合的循环系统。

三、农村电子商务的特征

（一）高普遍性

农村电子商务作为一种新兴的交易形式，不但在农村的中小企业间快速蔓延，也迅速走进农村的千家万户，只要有一台电脑、一部手机就可以随时随地地在这个无形的网络大市场中自由交易。

（二）高便捷性

互联网技术使世界变成一个统一的整体，人们利用互联网的各种功能为生产和生活带来了极大的便利，电子商务也不例外，无论是 BtoB 模式，还是 BtoC 和 CtoC 模式，它们都是人们在线交易和购物极为便利的选择。利用电子商务交易节省了很多人力、物力和财力的支出，人们也可不必再受地域的限制，以极简捷的方式轻松地完成过去繁杂的交易活动。

（三）高安全性

计算机网络系统是一个高度开放且存在众多网络安全威胁的系统，开展电子商务交易，务必需要一个高度安全的网络交易环境才能确保自身商业机密不被泄露和交易双方交易的信息安全。为应对这一特殊需要，各涉农电子商务网站都将自身的网络安全视为重中之重，推出了如防火墙、加密钥匙、安全过滤等安全措施，从而确保网络环境的安全性。

（四）高效益性

在过去，一笔交易的形成往往伴随着许多交易部门的参与和促成，交易的完成不仅是一笔交易，还是许多交易部门共同促成的结果。涉农电商这一无形的超级大市场可促使农村的中小企业减少库存积压，降低库存成本，还可以通过电子商务实行网上交易来直接减少交易成本。

（五）可扩展性

虽然农村的中小企业运用电子商务技术是一个循序渐进的过程，但各企业电子商务的各种解决方案也必须随着客户需求的变化而变化、企业业务需求的发展以及市场环境和管理环境的变化而进行扩展或调整，要本着一切为客户考虑的原则，以提高客户的满意度为终极目标，给电子商务的交易留有足够的余地和空间，以便随时随地伸缩延展。

四、农村电子商务发展的基本条件

（一）电子商务发展的硬环境

1. 完善的基础设施

基础设施是电子商务发展的前提和基础，只有拥有了完善的基础设施，电子商务才能得以建立和发展。这些基础设施主要包括物流和互联网。互联网是电子商务发展的基石，没有网络，就无法进入电子商务平台购销商品，买卖双方也无法通过网络及时沟通和谈判；即使电子商务平台建设得再好，也无法发挥其应有的作用，也就无法最终达成协议，完成销售。

电子商务的最后一个环节便是物流，没有强大的物流作为保障，产品就无法传递到客户手中，电子商务的交易环境也无法完成，电子商务也就只能停留在虚拟世界中，无法转变为现实。要想有发达的物流网络系统，一方面是要有便捷的道路交通，另一方面是各物流企业要不断扩大和延伸自己的触角，尽量让自己的物流范围覆盖到尽可能多的地区，让大多数居民都能享受到电子商务的便利。

2. 较为健全的支付系统

传统的交易方式是一手交钱一手交货的交易模式，但电子商务由于虚拟性的特点，所有活动均要通过网络完成，因此需要有便捷和安全的电子支付方式，让网络购物能完成支付。

（二）电子商务发展的软环境

电子商务发展的软环境主要包括国家的政策环境，电子商务相关的法律法规的建立，政府的支持，以及人才的培养等多个方面。

1. 国家的政策方面

不符合当前我国经济发展战略，与我国目前大政方针相违背的行业是很难得到发展的。只有符合国家的政策支持，才能在资金、土地等各个方面获得相应的优惠政策，才能得到健康长远的发展。国家政策支持的作用还表现在人才的培养上，通过调整招生人数、扩大招生比例和范围、制定完善的培养机制等，可以更好地为社会培养出需要的电子商务人才，从而满足电子商务人才不足的困境。

2. 政府支持方面

仅有政策措施还不够，还得将政策落地生根，这就需要各个地方政府的支持。地方可以在当地基础设施建设，政策资金扶持，产品质量监管，土地供给保障等方面发挥作用。特别是对于农村地区来说，人才相对城市来说更加缺乏，要想发展好农村电子商务，地方政府就要出台相应的吸引人才的政策，引导人才往农村流动，解决农村电商人才缺乏的困境。因此，某个地方电子商务能不能很好地发展，就要看当地政府的重视程度。

3. 法律方面

由于电子商务与现有的经营模式有很大的不同，涉及的面也非常广，也容易出现很多复杂的问题。这些涉及的方面主要包括电子合同问题、电子合同的法律效力问题、隐私保护问题、电子支付的安全问题、知识产权问题等，这都需要国家从法律的层面来完善。

（三）电子商务发展的自身因素

发展电子商务除了外部条件的制约外，还与人民群众自身有很大的关系。首先，发展电子商务需要大家转变思想观念，认可现在的网络销售模式，不再局限于传统的线下销售方式。只有大家认可了这种交易模式，大家才会主动参与到电子商务的经营中来。

其次，需要大家具有一定的文化知识水平，懂得如何使用网络和电脑，懂得如何在电商平台买卖商品，懂得一定的网络营销技巧和营销方式，且要具备一定的学习能力，不断提高自己的电子商务销售水平。

再次，对广大电商经营人员来说，要懂得差异化竞争的优势，避免同质化竞争。大家同样都去销售一种产品，一方面是价格上很难有自己的利润空间，大家甚至会发动价格战，导致自身也受到损害。另一方面，即使需求量再大的商品，一旦经营数量过多，能分配到每个经营者当中的客户数量也是寥寥无几了。因此，作为电商经营者来说，要具备差异化竞争的思想，销售自己不同的、有特色的产品，只有这样才能有自己盈利和发展的空间，才有可能发展成功并不断发展下去。

最后，要有质量安全意识，质量是持久发展的生命线。不管是线上还是线下，质量对一个经营者来说都是非常重要的。因此，要想让电子商务发展好，电商经营者就要保证自己的产品没有质量问题，树立良好的口碑，这样才能避免纷争，不断扩大市场。特别是对于农产品来说，由于生产条件的差异，生产过程较长，导致同一种产品的质量参差不齐，这就产生了农产品的销售问题。作为农产品经营者来说要十分重视产品质量，建立一定的标准体系。

五、农村电子商务实现的形式

（一）网上农贸市场

快速传送农业、林业、渔业、牧业等供求信息，助力外商进出属地市场，帮助属地农民拓展国内和国际市场。动态传递农产品市场行情，多方撮合各种商业机会，权威发布农产品信息等内容。

（二）数字农家乐

数字农家乐为农家乐提供网上展示和宣传的渠道。通过使用地理信息系统技术，制作农家乐分布电子地图，收集农家乐的基本信息，让游客能直观地了解和体验乡村风景、农家食品、农村娱乐等方面的特点。既便于城市居民的行程安排，又能为农家乐带来四面八方的客流，同时促进了城镇居民与农村居民的交流和共赢，拉升了当地农民的收入。

（三）特色旅游

以农村特色旅游资源为牵引，以宣扬特色旅游项目、扩大对外知名度、提升农村影响力为目标，全方位介绍农村旅游热点、线路和旅游特色产品及企业等信息，发展农村旅游经济。

（四）特色经济

通过宣传、介绍农村地区的特色经济、特色产业和相关名优企业、产品等，扩大产品销售通道，加快农村地区特色经济、名优企业的迅速发展。

（五）招商引资

政府积极搭建招商引资平台，推介开发园区、产销基地、投资政策、招商项目的发展规划，积极吸引外来投资进入农村地区，开展生产和营销活动。

六、农村电子商务发展的必要性与可行性

（一）农村电子商务发展的必要性

1. 当前落后的粗放农业发展方式陷入困境

第一，资源浪费问题。一是土地资源的浪费，由于工业化、城镇化速度的加快，第二、第三产业对农业资源的影响增大，使得大量农业劳动力"弃农进城""弃田打工"从而导致中国各地大量农田处于季节性休闲或者常年荒废，这是对土地资源的极大浪费；二是作物秸秆资源浪费，在南方地区，作物秸秆资源是一种重要资源，对于农业增产、增收具有重要作用，然而，南方地区的稻草资源开发利用率极低，浪费十分严重。

第二，经营规模问题。中国是目前世界上农业经营规模较小的国家，已经对我国农业发展和农业现代化进程产生不利影响。党的十八大报告中明确提出"发展多种形式规模经营，构建集约化、专业化、组织化和社会化的新型农业经营体系"。这为我国发展农业规模经营指明了方向。

第三，经济效益问题。经济效益低是当前我国农业发展面临的最突出、最具体和最实际的问题。一是风险大，农业生产是"露天"生产，受到自然条件的影响大，且往往因为自然灾害发生而遭受最大损失，除了自然风险之外，更重要的是还要面临国际、国内两个市场的风险；二是时间长，农业生产过程，就是农业生物的生长发育过程，往往时间长，短则一季，长则一年。因此，见效慢，获得经济效益的时间周期明显长于二、三产业。

2. 农产品与电子商务结合能够降低成本

农产品电子商务延伸了一种新颖的销售模式——网络营销。利用互联网、电脑信息技术和数字多媒体或者自媒体进行的销售活动。网络营销的诸多模式有网络信息，网络询价、咨询服务等，使原本需要多次交流协商和大量人力、物力、财力才能完成的技术、产品质量和价格高低等信息，立刻就能够在网页上显示出来，让网络上各地的用户都可以及时地共享这些重要的信息。同时，利用互联网进行网络营销还能够代替人工商务费用，减少人员流动、人力和财力所花费的损失；用网络交易代替实物贸易，能够减少实际货币在市场中的流通次数，从而减少因大量使用实物货币而带来的诸多不便。在网络上进行交易消费改变了实地交易的格局，使得电子网络替代了实地商场，让用户足不出户就能够货比三家。对于农产品电子商务而言，如果将互联网比作信息通信的媒体，那么就可以大大缩减农户和市场之间的距离。同时，网络的传播速度很快，能够降低信息传播成本。在网上举行促销举动，那所花费的本钱就更小了，只需一般广告的一小部分。可以去除大量的中间环节，从而降低农户的运输、仓库等费用，交易成本大大降低。

3. 农产品与电子商务结合能够减少腐烂变质损失

大部分的农产品都是家禽肉蛋等自然产品，这些农产品大部分都具有新鲜性和易腐烂性，所以对这些农产品的保鲜就特别重要了。传统的营销模式，它的生产和流通环节都浪费了大量时间，对农产品的新鲜性造成了极大的腐烂，这给农民带来了巨大的损失，而电子商务的应用，国家的支持政策连续不断，对于农产品电子商务必需的冷链配送环节进行了优化，国家对于食品安全标准不断提高，对于冷链产业的发展也做出了相应的政策明确，2010年6月出台了《农产品冷链物流发展规划》，提出了到2015年我国果蔬、肉类和水产品的冷链流通率达到20%、30%和36%以上。而对于电商巨头而言，1号店推出了上线生鲜品类"1号果园"，2013年4月其自营蔬菜也正式上线；天猫也宣布试水生鲜冷链物流，与第三方物流企业合作，把冷链运输、快递、航空等物流资源统一整合起来；京东也正式推出了生鲜频道，其生鲜频道冷链配送环节一般采取与第三方合作的方式进行，B2C支配体系则为城市配送＋"最后一公里"。电商巨头的热情参与和国家对于冷链配送政策的不断完善，都极大地减少了农产品在流通环节的腐烂变质损失，发挥了农产品电子商务的作用。

4. 农产品与电子商务相互结合能够拓宽交易渠道

传统的营销方式在时间和空间上都受到限制，而电子商务营销将弥补这一点缺陷，通过网络可以提供全天候的交易机会，同时也扩大了交易范围。以前的农产品市场总是会受到时间和空间的影响，由于节假日或者物流等原因，都会打乱农产品的生产和销售时间，从而影响农产品的正常销售。农产品电子商务将改变这种效果，无论消费者在何时何地，都能利用互联网进行贸易往来，电子商务通过网络的方式缩短了农产品交易市场双方的距离，使交易市场双方不再受空间和时间的限制，拓宽了销售渠道，扩大了销售范围，使农产品的销售地域可以走向全国甚至走向国际市场，这同时也将冲击整个农业企业的管理方式。电子商务可以通过网络进行实时的管理，整合整个农产品的信息流、资金流和物流，促进农业企业加快实现扁平化建设。在电子商务下，农民和农业企业任何一方都可以从网络上得到巨大的市场信息，能为农民和农业企业的决策提供较好的参考。电子商务为农产品销售拓展了一片全新的领域。从过去的批量生产发展成了订单式农业生产。而且网上交易的日益正规化和快递公司的迅速发展，也为农产品电子商务的发展创造了良好的外部环境，为广大农民提供了广阔的市场空间。

（二）农村电子商务发展的可行性

1. 我国农村电子商务已初步具备基本条件

根据国家"十二五"及"十三五"规划和对农业产业化、信息化的有关方针政策，经过多年发展，我国农村电子商务已经初步具备了一定的硬件、软件、市场、技术等基础和条件，如图5-1所示。

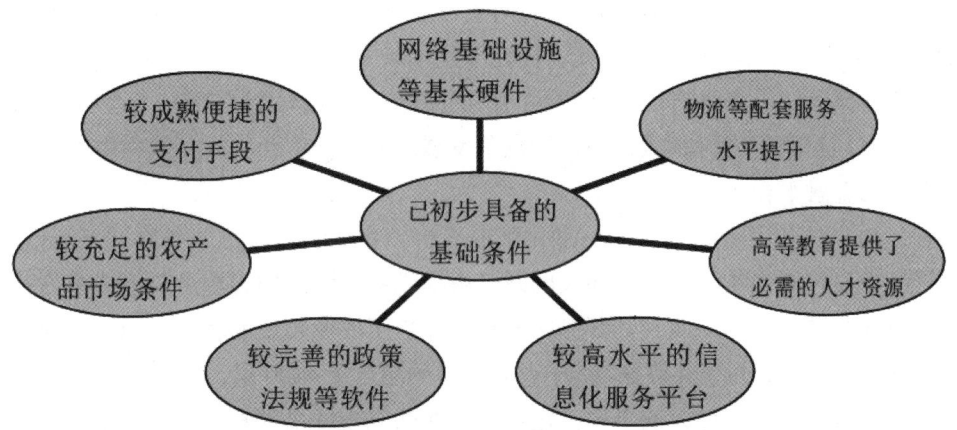

图5-1 农村电子商务已具备的基本条件

第一，初步具备了农村电商发展所需的网络基础设施等硬件条件。21世纪以来，我国网络信息技术和基础设施发展迅速，计算机、互联网用户和网站数量快速增长。在国家的重视支持下，我国农村信息网络建设成效显著，目前国家、省市县各级都建立了农业信息化网站。"十二五"期间，我国陆续建设了一大批农业生产经营信息化示范基地、农业综合信息服务平台和信息服务支持系统，开展了农业物联网应用示范，为农村电子商务发展奠定了重要的网络基础条件。

第二，具备了相对完善的政策法规等法律保障。我国先后颁布了《互联网信息服务管理办法》《电子认证服务管理办法》《国家商业电子信息安全认证系统》《关于维护互联网安全的决定》等涉及电子商务的法规和技术标准，初步确立了电商法律框架。《合同法》专门为适应电子商务活动而设立增加了"数据电文"条款。近年来，国家关于电子商务的利好政策持续发酵，国家相关部门也密集出台了《关于加快发展农村电子商务的指导意见》《网络交易管理办法》《推进农业电子商务发展行动计划》《关于协同推进农村物流健康发展》《关于跨境电子商务零售出口税收政策的通知》《加快服务农业现代化的若干意见》等各种电商意见、办法，为农村电商发展引领了方向，进一步促进和规范了电商的发展。

第三，初步具备了供应充足农产品市场条件。随着我国现代化农业大发展，农副产品不断丰富，粮食产量实现"十二连增"，总量连续3年超过1.2万亿斤，人民生活所必需的农产品，如粮棉油、肉蛋奶、果药茶等，总体上满足需要，其中我国生产的肉类、禽蛋、水产品等居世界第一位。

目前，我国人均占有粮、肉、菜、蛋和水产品，人均占有量均超过世界平均水平，农产品市场供需两旺带动了国内农村电子商务市场的快速增长，激发了农业市场信息需求。我国农业信息方面的网站访问量不断攀升，在全球农业网站排名位列前三位，为农村电子商务发展奠定了坚实的市场条件。

第四，基本具备了成熟便捷的电子支付手段。我国已基本形成了以人民银行跨行支付清算为核心、银行业金融机构行内系统为基础、专业清算机构和第三方支付机构（以下简称"支付机构"）为重要补充的支付服务市场体系和专业化分工格局，支付机构在电子商务发展中发挥着越来越重要的作用。截至2016年底，236家支付机构已取得人民银行颁发的《支付业务许可证》，获准从事互联网支付业务。2016年支付机构共处理网络支付业务1639.02亿笔，金额99.27万亿元，同比分别增长99.53%和100.65%。近年来上市公司、大型商业集团、电商平台以及互联网门户网站等市场主体通过收购、入股或成立支付公司，积极布局互联网支付领域，为市场竞争发展注入了新鲜活力，为农村电商发展提供了灵活多样的金融平台。

第五，初步具备了较高水平的信息化服务平台。我国农业信息服务网站兴起于20世纪90年代，经过20多年的发展，涉农网站已由提供单一信息内容服务，形成多方式、多类型、多服务共同发展的局面，其服务内容基本涵盖了农业领域的各个方面。目前的农业类服务网站数量已经超过了4万家，其中政府主导的超过了4000家，在数量上超过了法国、加拿大等发达国家，位列世界前十位。这些农业网站充分搜集和整合农业信息资源，扩大了网上宣传，打通了农业的信息渠道和流通渠道，为农业生产者提供了市场行情、预测分析等服务。农业网络平台的发展，表明了互联网+农业正在逐渐深入，这是转变农业发展方式、加快农业现代化的需要，也促进了农村电子商务的发展。

第六，高等教育正在为我国农村电商发展提供急需的人才资源。截至2015年，全国已有300多所高校开设了电子商务本科专业，在校本科生达到10万人以上，另有职业技术学院、职高也培养了大量的电子商务专业的专科生、职高生。同时人事劳动、职业技能鉴定等部门机构开展了电子商务系列资格的认证工作。我国正在逐步建立高、中、低系列电子商务专业人才培养体系，为农村电子商务的发展提供了强大的智力支持。

第七，仓储、物流等配套服务的提升正在打通农村电商发展的最后一公里。国家"十三五"发展规划中明确提出"到2020年，快递市场规模稳居世界首位，基本实现乡乡有网点、村村通快递，快递年业务量达到500亿件，年业务收入达到8000亿元"，为我国电商发展打通最后一公里明确了目标和创造了条件。

2. 农产品网上销售初见成效

在农村电商消费增加的同时，农产品网上销售逐渐成为趋势。据中国电子商务研究中心监测数据显示，2016年全国农产品批发市场经销商数明显提升，销售额超亿元的经销商数同比增长 15.3%；0.5 亿元至 1 亿元的经销商数同比增长 22.9%；0.1 亿元至 0.5 亿元的经销商数同比增长 24.2%。2016 年全国农产品批发市场交易额达 4.7 万亿元，交易量达 8.5 亿吨。2015 年，全国各地农村进一步掀起了农产品网销热潮，例如山东烟台特色农产品网上销售取得良好效果，大樱桃网上销售额达 9500 万元，同比增长 400%以上，苹果网上销售 1.5 万吨左右，销售额达 1.71 亿元；甘肃临泽县加强农产品电子商务平台建设，全县累计实现红枣、枸杞等农产品网上交易额达 1 亿元。

无论是京东商城的"京东帮"服务店，还是苏宁云商的苏宁易购服务站模式或阿里巴巴的"千县万村"计划，都是抢滩农村电商市场，逐步走向开放式经营的举措。农村电子商务将给农民带来更多便利、更多效益以及更多创业机会，对于促进农村经济的发展，增加农民收入具有重大的作用。从市场需求和政策导向来看，农村电商都具有巨大的发展潜力和发展空间。

第二节 我国农村电子商务发展的模式

农村电子商务是在互联网技术发展下，产生的一种新生事物，当前农村电子商务的发展以农村、农民、农业为主体，电子商务交易以农产品为中心，是农村居民生活性消费和生产性收入的重要补充。因此，农村电子商务的发展模式是在电子商务发展模式的基础上发展起来的一种模式。

一、农村电子商务模式

（一）BtoB 模式

BtoB 模式是电子商务发展的重要发展模式之一，简单来说这种模式实质上就是指企业和企业之间直接进行商品交易的模式，在农业电子商品交易中涉及直接拥有电子商务技术农产品的生产企业、农产品加工企业以及农产品销售企业，这些企业之间通过互联网可以直接的进行商品贸易。这种模式的运作和应用主要存在三种主要的形式：第一种是在线交易，例如，中农网作为我国建立的第一家网上银行支付电商企业，就可以直接进行身份认证，并在网络平台上就可以完成在线拍卖、网上招投标和网络直销等商品交易活动；第二种是信息服务，这种交易模式可以为商户提供价格信息、供求信息以其衍生信息等服务；第三种是期货市场的交易，企业和企业之间可以通过互联网络进行远期商品的交易。当前这种企业直接对企业的交易模式已经成为我国农村电子商务发展最快的模式，也是应用最广、规模最大的电子商务交易模式。

（二）BtoC 模式

BtoC 指企业与消费者之间的电子商务交易模式，它是网络化的零售模式，满足普通大众的消费和服务需求。消费者可以在网络上浏览销售者发布的各种商品信息，并做出比较，选择自己最为满意的商品完成支付，之后线下送货上门。京东商城即是 BtoC 商务模式的代表。其优势主要体现在：有利于提升零售商的品牌价值，通过电商平台，零售商可以进行商品宣传和广告促销，介绍自己的品牌，树立自己品牌形象。有利于收集市场信息，可以利用网络收集市场信息，调整自己的营销策略，让自己的产品处于有利竞争地位。有利于降低经营成本，电商平台的经销商根据客户的购买情况去进货，这样就不会造成产品积压，不会增加库存成本，也能提高资金的周转率。

（三）GtoC 模式

GtoC 模式主要是指一些政府的涉农网站，利用网络资源高效的将农产品的生产企业以及农产品加工企业的资源进行整合，是对前两个模式的有效补充和发展，可以更好地整合我国的农产品资源。GtoC 模式通常是以政府的服务型网站为商务载体，其中主要涉及政府在涉农网站发布的农产品需求信息；农产品生产企业和农产品加工企业在网站上发布的产品促销和推广的信息；农产品经销企业和农产品中介组织提供的农产品交易信息；以及农民自身在网站上发布的产品广告信息以及农业中介组织提供的市场发展的预测和应对分析信息等。这种模式主要是根据我国社会主义市场经济发展而出现的一种我国独有的农业电子商务模式，尤其是对于偏远的农村地区来说，这种模式可以充分地发挥政府的积极作用，实现涉农商品信息的快速流动，不仅可以有效地降低农产品电子商务企业的信息获取资金，还可以为广大的农户提供全面的、快捷的产品销售信息服务。

（四）AtoA 模式

AtoA 模式指的是电子商务中的生产者和消费者都可以通过代理人来参与电子商务过程。应用这种模式的比较出名的有"蓝田模式"和"娄底网上合作社模式"。

蓝田模式是以"世纪之村"电子商务平台为基础的运作模式。这种模式主要由平台企业、信息员、销售商和采购商四方参与，蓝田集团公司作为最主要的平台企业，负责电子商务平台的构建和运营，负责交易规则的制定和完善，负责代销代购渠道的建立和管理。而信息员则负责买卖信息的发布，促进买卖活动的成功，一般多由拥有上网能力的农产品商人或者农资商人充当，作为农户与平台、消费者与平台、生产商与平台之间联系的桥梁，是 AtoA 形式中的代理人。生产农副产品的农户或者合作社、提供农资的生产商或者经销人作为销售商，通过信息员（可以是专门的信息员，也可以自己申请成为信息员）发布自己的供货消息，农产品商家、需要农资的普通农户或者合作社作为采购商则通过信息员购买所需商品。

"娄底网上供销社"模式则是通过将农村党员远程教育平台与电子商务信息平台相连形成网上供销社，并建立了一批站点，用于将农民的小额需求集中起来，统一采购，从而提高农民的议价能力，为农民节约了大量开支，另一方面则帮助农民拓宽农产品销售渠道，从而促进农民增收。作为代理人的站点，有专门建立起来的，专项提供信息服务、商品代购等业务的，也有与现存的农村商业超市或者产业基地相结合的。

（五）CtoB 模式

CtoB 指消费者对企业的电子商务模式，它是通过将消费者集中起来和厂商砍价的一种集体议价方式，将价格主动权从厂商转移到自身，把分散的消费者及购买需求聚合起来形成类似于集体团购的订单，个体消费者能从团购中享受到实实在在的好处，这样就能让更多的人有动力参与到这种模式中来。美团网就属于 CtoB 类的电子商务模式。美团网的目标客户分为两类，一类是有相同需求的消费者，另外一类是提供商品和服务的商家。在目标客户的定位中，美团选择了有一定消费能力，而且请客吃饭较多的白领阶层。对于商家的选择上，美团选择了那些没有较多资金做长期营销广告的中小商家，这些商家需要物美价廉的措施来提高知名度。美团网会先商家进行谈判，获取尽量多的折扣，然后在这个基础上加上自己利润后对外销售折扣的商品和服务，顾客通过在线支付后，即可到实体店消费。这种模式让商家和消费者都获得了一定的利益。

（六）（B+C）toB

（B+C）toB 指的是农户以及农业加工企业级行业组织进行结合，实现共同生产，提供电子商务交易。（B+C）toB 模式也被人们叫作龙头企业的带动模式。（B+C）toB 模式对于家庭分散经营区域更加适合，使得农产品集体竞争力提高。（B+C）toB 对于农业企业和农户之间的战略联盟关系的建立具有极大的促进作用。基于农产品的加工企业、农产品经营企业作为龙头，利用比较固定的运营方式对农户的农产品的生产、加工、运输以及销售等进行带动，使得农产品与制成品的附加值提高。当前典型的（B+C）toB 包括了"企业＋农户""企业＋基地＋农户""企业＋合作组织＋农户"等模式。因为在资金、技术、运输、加工、销售等方面，龙头企业的优势显著，所以，农民基于标准化的要求对产品进行生产，通过企业的加工，使得其质量与档次提高，通过企业品牌战略市场，使得经济效益提高。（B+C）toB 要求的较高的农产品的标准化程度，并且，要求农产品的种类相对集中。例如对于已经对无公害绿色蔬菜基地进行建立的前提下，对于当地原材料进行充分利用，通过加工企业的包装，对品牌进行构建，从而使得农产品的销售市场更加广阔。另外，农产品的出口主体是企业，相对于分散农户而言，在应对国外变化、反倾销等方面的优势非常显著。基于龙头企业带动的电子商务，使得农民销售难的问题得到了有效解决，使得农民的基本利益得到保障，使得供应链上的价值增值得到实现。当前（B+C）toB 应用比较成熟的省市是湖北省。在湖北省农产品电子商务发展中（B+C）toB 得到广泛应用。

（七）第三方电子商品交易模式

这种模式顾名思义就是通过中介的模式实现农产品的买卖。主要包括两种交易形式，水平式的交易形式和垂直型的交易形式。这种模式中涉及的第三方可以给农产品的生产者以及农产品消费者提供的公平网络交易平台。这种模式最大的特征就是公平性，可以让不同规模的农产品经营商享受公平的竞争环境，不论是小的农产品生产企业，还是大规模的农产品生产企业都可以用相同的成本加入到第三方的农产品运营平台中，从行业范围来看，第三方电子商务的最大优势就是可以专业化的交易服务，有效地降低企业电商平台建设的局限，如经营和管理成本降低，人力资源投入大等。使农产品电子商务的进入门槛更低，更容易吸纳小规模的经营者，这样会比单个生产经营主体独立创建电子商务平台更加经济和高效。

（八）专业性农产品电子拍卖模式

对于大宗货物的农产品货物交易来说，交易的规模和频次都比较大，采用电子拍卖的形式可以更直接展现农产品价格特征，减少农产品交易的环节，使交易更加快捷和便利。当前农产品电子拍卖主要采用交易厅和在线拍卖两种形式，这两种形式虽然有着一定的共同性，具有许多交易优势，但对于交易厅拍卖而言，在线拍卖的模式在成本上以及交易的便捷和灵活性上都具有很大的优势性。农产品电子拍卖的流程一般都有专业的主持拍卖，拍卖人员通过电子拍卖车和电子拍卖控制台进行拍卖，这样可以有效地避免传统实体交易由于环境嘈杂而出现拍卖失误的问题；拍卖者不必亲自到现场参与竞拍，不必扯着嗓子漫天地要价，也不必因为看中某样产品而频频举手，拍卖者在参与拍卖时，如果看中某样商品，可以直接通过自己手中的竞价器来选择是否参与竞拍，整个拍卖的过程只需要几个专业的电脑技术工作人员，其余的参与者都可以在电脑中对号入座，将其交给电脑代替进行操作，有效地降低了拍卖的成本和流程。

二、农村电子商务的发展平台

（一）第三方电子商务平台

这一平台的主要特点是交易双方通过第三方平台来完成交易，它包括三种形式，即综合类 BtoB 电子商务平台、大型零售网站平台和农业网站。综合类 BtoB 电子商务平台主要经营批发业务，而对于诸多希望产品能快速打包出售的农业生产者来说，这是个不错的选择，比如阿里巴巴等大型 BtoB 电子商务网站，都有开展小额批发业务。这些大型 BtoB 网站拥有比较成熟的运营模式，并且建有一整套交易流程、支付方式以及信用管理体系，可以十分方便地进行网上交易。大型零售网站平台，如淘宝网、拍拍、京东商城、1号店、当当网等第三方平台，在这些平台上，可以进行农产品、生活消费品和农业用品的交易。农业网站是指提供各种有关农业信息的网站，包括综合农业网站、专业农业网站等。除了介绍农业政策、农业新技术等，这些农业网站有不少也开始涉足农村市场，通过发布农产品价格信息和分析市场趋势，来指导农户进行农业生产。一些做得出色的农业网站，还设置了电子商务版块，以促进农产品的网上交易。

（二）自建平台或网站

一些大型涉农企业开始自建电子商务平台来进行网上交易，有的企业则在公司网站上加入销售版块。然而，由于自建平台和自建网站成本高、风险大，大多数农业企业都很少涉足，目前第三方电子商务平台销售产品仍是农村电子商务平台的主要发展方向。

（三）其他网络平台

1. 公共网络交流平台

网上交流，是网民上网最主要的功能之一。网上交流技术已经相当纯熟，各种新的交流工具也频繁出现，QQ群、BBS、博客、微信等，层出不穷；而且很多都可以通过手机终端来实现，这就极大地扩大了用户的群体和影响力。利用这种群体关注的现象来扩大营销效果，不仅仅是营销家的新手段，同时也被许多农业生产者和农业商人所发现，而成为农业网络营销的利器。

有报道指出，宁夏平罗县农民通过QQ群做出了1000多宗农产品交易，交易金额超过4300万元。

2. 搜索引擎或者门户网站平台

搜索引擎或者门户网站来对网上店铺进行推广，效果明显但是成本较高。这在一些知名的网上销售企业中使用比较普遍。但是对于农村电子商务来说，仅仅是开始尝试。

三、电子商务发展模式的主要类型

（一）资源带动型

在我国不少农村地区，优势农产品比较突出，加之一些地方政府积极实施"一村一品"战略，为农村电商夯实了产品基础，比如甘肃成县的核桃、山东博兴的草编等。

（二）产业带动型

产业带动型指的是运用当地的特色产业带动当地经济的发展。比如河北省的清河县，它是全国羊绒最大的集散地，然而，该县却不是我国羊绒的主产区。通过引入电子商务这一平台，逐步把羊绒产业做大做强，给该县经济带来了巨大的升值空间。

（三）能人带动型

我国每个"电商村"和"电商县"几乎都有一个能人创业的故事，比如返乡创业的大学生、上微博的县委书记、无心插柳的志愿者等。

（四）生产带动型

利用大流通对农业生产的引导作用，从物联网和农业信息化出发，发挥农民熟悉农业生产的优势，提升农村电商的发展水平，比如吉林农业信息化服务公司。

（五）服务带动型

比如，浙江省遂昌县以服务商为基础，将电子商务与当地农村社会经济发展紧密相连，打造农村电子商务优良的生态环境，成为我国农村电商发展的典型代表。

（六）传统升级型

比如，作为邮政普遍服务提供者的中国邮政集团，旗下拥有其他企业所没有的网点和物流优势，在线上、线下融合方面引领全国市场。此外，还有一些"万村千乡"市场工程企业、供销企业也正在积极转型升级。

四、农村电子商务发展的层次

（一）初级电子商务

这是农村电子商务最初级的形式，仅仅是通过网络发布一些农产品、农用产品的供求信息，价格信息等，交易双方可以通过互联网交际软件来交流一些简单的信息，这里实际上是广告的网络化和扩大化，严格意义上并不能称为电子商务。

初级电子商务，没有专门的平台，往往借助一些现成的交流平台，比如论坛、博客、微信，甚至是QQ群来发布自己的商品、商铺信息或者需求信息，通过这些交流平台联系到消费者或者供应商，为自己的销售或者购买牵线搭桥。

但是在这种交流中，一般仅仅是供需信息的了解，具体供需协议的达成，往往在线下进行。当然也有通过QQ等工具达成购买意向的，但往往涉及的数量和金额都不高，这是由于这些平台的开放性与自由险，其内容很难受到法律的保护，而平台经营者则仅仅是把平台当成交流的工具，不对平台上的内容负责或者检验。

（二）非支付型电子商务

非支付型电子商务，也有人称其为营销网络化。顾名思义，指农产品或者农用品的销售的信息环节，比如产品信息的发布、价格质量等的洽谈、交易意向的达成、契约的签订、信用评价等都通过网络平台来完成，而货物的运输、验收、费用的支付则在线下完成。也即，信息流和现金流分开，信息流在线上完成，而现金流则在线下完成。

非支付型电子商务与初级电子商务的最大区别在于，其应用专门的电子商务平台来完成电子商务的信息流的流动，在该过程中达成的交易意向，受平台运营商和法律的保护。这种过渡类型的电子商务模式，在农村电子商务中应用得比较广泛。非支付型电子商务既可以使用专门的农业网站，也可以使用综合类的电子商务网站来实现；既可以使用非支付型的电子商务平台，也可以使用支付型的电子商务平台。

比如中国供应商网站，有专门的农业版块，提供农产品、农业用品（农资农具等）的供求信息，既可以标价出售或者定价求购，也可以通过网上的竞价平台竞价拍卖或者拍卖。但是该平台仅仅是提供信息交流平台，并不提供线上的支付渠道。

（三）支付型电子商务

支付型电子商务是电子商务的完整形式。信息流和现金流都通过网络完成。这也是目前可以进行数据统计的一种电子商务模式。

第一，时令水果、蔬菜等不能长期保存并且运输不方便的农产品，往往仅仅在为数不多的几个大城市有网上销售者存在。大城市中，特别是北京、上海、广州等特大城市，对于时令果蔬的需求量大，而且存在着许多没有时间去超市、市场采购时令果蔬的人群，这为时令果蔬的网上销售、送货上门服务提供了可能。而海鲜、干货、初级加工品等农产品的主要卖家则集中在商品的产地，毕竟特产地的产品的质量预期和价格都比其他地方占优势，对于特产的网购，人们往往看中其正宗和优惠的价格。同时，时令果蔬的销售范围也往往是所在城市，少量运输比较方便的时令蔬果的销售范围可以辐射到周边地区，而干货、初级加工品的销售范围则覆盖全国，这与商品的存储特性和运输特性密切相关。

卖方主要是水果经销商，只有少数的果农或者菜农。买方（消费者）需要的果蔬、干货等商品的种类往往不止一种，一般的果农或者菜农往往只能提供种类不多的果蔬，而经销商们则可以提供多种多样的果蔬。

第二，产品的包装形式也多种多样，真空包装、低温冷藏包装、高压霉菌包装等层出不穷。一方面是因为包装设备价格以及延长保鲜时间，扩大销售范围的效果为农民或者农产品商人所接受，另一方面也与广大市民对食品安全的要求日益提高有关。

第三，种子、化肥、农药等的销售普遍比较少，相关的店铺少、产品种类少、销售总量和单次的销售量也比较少，买家的范围也具有明显的地域特色。这与农业生产的地域性密切相关。

第三节　我国农村电子商务发展的价值

我国农村电子商务的发展给落后的农村经济带来了新的发展生机，使农村经济焕发出新的活力，可以说，农村电子商务的应用很好地解决了农村"三农"问题，对于农村现代化的建设具有重大的作用。

一、农村电子商务有利于推动农村经济发展

（一）电子商务连接农村小生产与大市场

我国农村目前基本还是以"家庭经营"为主体的经营模式，户均经营土地面积较小（从几亩到几十亩），生产方式较为落后（大多数处于人工与机械并用），生产产品附加值不高（原材料产品居多），基本上还处于家庭小生产范畴。随着电子商务在农村的应用，引导农民加入电子商务网络，通过网络平台连接生产与销售，市场与消费，发展特色种养产业，生产、宣传和销售地理标志产品，形成规模化、集约化和专业化的商品及服务交易。因此，可以说，农村电子商务是以经济效益为中心，以市场为导向，以农户为基础，以龙头企业为纽带，通过市场把农业产前、产中、产后再生产过程有机连接起来，实行种养相结合、产供销一条龙、农工商一体化的农业产业化经营，是发展我国农村经济的必由之路。农村电子商务是农业产业化经营的"助推器"和"黏合剂"，可以有效地解决农业生产、农用物资采购、农产品营销和服务网络等方面存在的问题。

（二）电子商务促进农村经济发展

电子商务可以较好地解决农业生产与市场脱节及对需求信息不敏感的问题。最近几年，卖粮难、卖多种农副特产品难及购买部分生产资料难等"买难、卖难"现象屡见不鲜。通过农村电子商务，既拓宽了农产品的销售渠道，又降低了交易成本，既方便了生产者，又方便了消费者，优化了供应链，从而提高了生产效率和效益；而且能够加快建立新型农产品和农业生产资料的营销模式，促进农村产业结构调整、优化和升级，促进相关行业的发展，最大限度满足市场要求。农村电子商务通过利用电子信息平台将农业的生产性功能拓展为观光、旅游、休闲农业和农家乐，促进农村一、二、三产业融合发展。

同时，在"生产—流通—消费"的社会再生产链条中，流通居于中间环节，发挥着承上启下的重要作用。而农村经济之所以会一直落后于城市经济的发展速度，从根本上来说是因为流通环节不畅通，没有健全完善的农村物流体系，农产品只能在当地销售，无法运输到全国甚至是世界各地，无法扩大农产品的业务范围。从国际趋势与经验看，发展现代流通业，实现网上交易，是解决农产品生产与消费矛盾的有效手段和治本之策。借助电脑、智能手机等现代化平台，实现快捷便利的网络销售，农产品流通制约农业生产发展的问题就可以迎刃而解。与此同时，农民能更贴近市场，去掌握客户的喜好、需求以及购买习惯，提高生产的敏捷性和适应性，促进农业贸易的繁荣发展，进而促进农村持续健康发展。

此外，中国的农业现代化道路，是坚持创新、协调、绿色、开放、共享五大发展理念。加快转变农业发展方式，发展多种形式的适度规模经营，着力构建现代农业产业体系、生产体系、经营体系、提高农业质量效益和竞争力，推动粮经饲统筹、农林牧渔结合、种养加一体、一二三产业融合，实现产出高效、产品安全、资源节约、环境友好的可持续发展。在推进农业现代化进程中，通过以农村电子商务为主要平台和载体的信息化技术的应用，

促进"互联网+农业"、物联网农业的高效发展，从而实现农业生产经营的规模化、集约化、信息化、机械化和社会化，提高农业的经济、社会和生态效益，推进现代农业发展。

二、农村电子商务有利于促进新型城镇化建设

党的十八大明确提出了具有中国特色的"四化"目标，即坚持走中国特色新型工业化、信息化、城镇化、农业现代化道路，促进"四化"同步发展。

党中央在时隔37年召开了最高规格的"中央城市工作会议"，会议明确指出：城市工作要贯彻创新、协调、绿色、开放、共享的五大发展理念，坚持以人为本、科学发展，不断提高新型城镇化水平。

自2016年底，全国城镇人口已达到6.91亿，城镇化率首次突破50%关口，达到了51.27%，标志着我国已经告别了以乡村型社会为主体的时代。截至2016年末，中国城市数量达到657个，常住人口城镇化率已经达到57.4%。新型城镇化不仅仅是城镇化率的提高，更要以城乡统筹、生态宜居、和谐发展为基本特征。

城镇发展的持续性和宜居性在于统筹空间、规模、产业三大结构，在于统筹规划、建设、管理三大环节，在于统筹生产、生活、生态三大布局。从国家或区域的角度讲，城镇化过程必然伴随着工业化，产业发展是城镇化的重要支撑和根本动力。在当前转变经济发展方式的政策背景下，其工业化形式可能表现为旅游、休闲或贸易、服务业等第三产业，也可以为特色农产品生产加工或现代化农业的规模发展等，电子商务平台是其实现的有效途径。

三、农村电子商务发展提高了农村经营效率

（一）突破了传统农业生产的时空限制

过程复杂、环节较多、透明度低，是农产品生产及销售的主要特点。农产品市场集中度低，交易主体越来越复杂，双方的信息不对称。电子商务具有超越时间和空间限制的特性，可以很容易地从互联网获得交易信息，交易可以在任何时间和地点进行，对农户这样比较零散的交易主体比较适合。农产品只有在卖出去的情况下才能体现它的价值。在农产品销售中引入电子商务这一平台的目的，就是要充分利用其全球性和开放性的特点，来突破传统农业生产及销售活动的时空局限，使农业生产及销售活动也具有全球性的特点。在这样一种生产销售模式中，全世界网民都有可能成为目标客户，这不仅可以解决"增产不增收"这一农业生产中的顽疾，而且可以进一步拓展农民的营销触角和全球视野，促进农产品交易的机会增多。

（二）解决了农产品流通问题

当前，我国农产品流通体系结构混乱，流通过程复杂，组织功能不足，无法有效指导和组织农业生产，导致农业生产安排被动，容易出现波动。虽然，农民尽可能地去适应市

场的多方位需求，但农产品的销售仍与市场需求相差很远。究其原因，主要是农民没有主动挑选适合自己的市场去销售农产品或加工品，而是被动地等待市场的挑选，缺乏一定的自主性和积极性。加快推进电子商务在农村地区的发展，为解决农产品流通问题提供了一条有效途径。电子商务技术的使用，可以对传统经济下农产品流通体系进行优化，形成由物流、商流、信息流、资金流等组成的全新流通体系，以促进新农村的发展。

（三）降低了农产品生产营销成本

首先，可以降低生产成本。在购置生产原料或出售农产品前，农民可以利用电子商务平台比对价格，挑选最合适的交易对象。另外，农民可以利用电子商务平台及时获取生产技术、管理信息等，可以通过网络进行集体招标、集中采购，以进一步降低生产经营的成本。同时，农民可以利用互联网获取技术支持、天气详情、病虫害防治预警、法规政策等信息，这些无疑都会减少农民的生产风险及生产成本。

其次，可以减少交易成本。农民利用电子商务平台，无需中介组织或第三方的参与，在互联网上就可直接与客户进行农产品交易，降低了交易成本，提高了交易效率。据有关数据显示，在传统的交易方式下，农产品从订单到交货，其中的成本占总成本的19%左右，而使用电子商务优化供应链后，能将此费用降低到总成本的11%左右。而且可以共享买卖双方的信息，从而降低由于买卖双方信息不对称所带来的损失。

再次，可以节约营销成本。网络广告的使用，与传统的广告媒体相比，其成本降低了90%。把本地农产品信息通过互联网向全世界发布，宣传本地的优势项目，推介本地的优质农产品，已成为当下比较风靡的做法。此外，可以推进农产品生产的标准化进程，在网上开设农产品超市，延伸网上交易范围，逐步引入期货买卖，促进"订单式农业"的发展。

（四）实现了农村生产要素的优化配置

农村生产要素主要包括土地、劳动力、资金和生产资料几个方面。从资金的利用角度看，发展电子商务，可以随时宣传资金的借贷成本与规则，有可能使更多的农户掌握利用资金发展农业和家庭经营项目的方法，从而提高农户的生产经营效率，促进农民收入水平的提高。从劳动力利用角度看，推进电子商务在农村的发展，可以及时反映农村劳动力的供求信息，从而为有序的农村劳动力流动创造条件，进而可以增加农村劳动力的就业机会，拓宽农民增收的渠道。从土地使用角度看，发展农村电子商务，在适当的交易条件下可以为土地使用权流转，提供更多、更便捷的交易机会，进而提高土地使用权的流动和积聚，从而为农村土地的规模经营创造条件。

四、农村电子商务有利于改变农村生产生活方式

第一，电子商务直接作用于生产方式，使农业生产实现规模化、集约化和社会化，从根本上改变了传统小农生产方式，并带动农村生活方式发生变化，成为农民必备的生活技能，实现农村生产、加工经营和多元化的需求，既有分工，又有协作。电子商务使买和卖、

信息交流和服务更为便捷高效，使物质流、信息流、资金流更为通畅，提升了农业生产的成就感、农村生活幸福感和农民网购的满意感指数，使农村广大农民共享了深化改革、科技发展和社会进步产生的成果，促进了社会和谐。

第二，改革开放以来，大量的资源如人才、资金、技术等都纷纷涌向城市，大量农民工进城务工经商，使得当前农村出现很多"空壳村"、妇女老人儿童的"留守部队"，农村发展困难重重。近年来，受资源环境约束、产业结构调整、全球经济疲软、城市生存成本偏高等因素影响，加之农村近几年基础设施建设加快，农村电子商务在农村地区迅速推广应用，种种因素导致吸引大批优秀人才返乡创业和大量资金、技术回流。

第六章　农村电子商务的发展

虽然在当前大数据迅速发展的大前提下农村电子商务得到了快速的发展，但是在这一发展过程中也还存在着一些问题。因此，农村电子商务要想得到快速的发展，必须要借鉴国内外先进的农村电子商务发展经验，寻找本身存在的问题，进而提出具有针对性的解决策略。

第一节　农业电子商务发展的经验与启示

在农村电子商务得到发展的这些年里，国内外为了提高本国、本地区的经济实力，都对其进行了探索，总结出了一些具有普遍性的经验与启示。

一、国外农村电子商务发展研究

（一）国外农业电子商务应用发展现状

1. 美国农村电子商务的发展

在美国，农村信息技术基础设施的建设一直都很受重视，互联网在加速农业信息技术传播中的重要作用更是倍受关注。美国农民在互联网上主要进行信息收集、农产品销售、网上采购和财务管理等活动。2003年至今，美国农业电子商务交易额平均每年增长近25%，增速远高于同期零售额6.8%。20多年以来，美国政府一直都很注重农村地区网络基础设施的建设。美国农业部发布的相关报告显示：2016年，在美国所有农场中，配有互联网接口的占了65%，拥有电脑或租用电脑的农场数量占了59%，均高出2015年4个百分点。在美国，高速上网逐步在农村得到普及，光缆、DSL、无线上网和卫星越来越普及，DSL上网人数已达到全部网民的27%，光缆、无线上网、卫星的比例也增长到了7%，而使用拨号上网的比例则下降到了47%。在美国，互联网技术就像收割机一样，已成为农民生产和生活中必不可少的重要工具。美国农业电子商务平台发展迅速，涵盖农产品、农机、肥料、农产品竞价和农业金融等各个方面，表6-1列举了部分美国农业电商平台。农业电商Local成立于2003年，主要从事农产品的在线交易、农业超市和农场管理软件的推广等业务，目前已为美国30000个家庭农场和农场超市提供服务。

表 6-1 美国电商平台建设情况

机构	主营	简介
local Harvest	农产品等	覆盖 30000 个家庭农场和农场超市
dairy	食品、奶类	2015 年 4 月上线，日交易额超过 200 万
Farm Machinery Loca2r	农机	农机销售
Farm-AG-loans	农业金融	网上农业贷款
Agriculture Products	农产品、材料	农产品、相关建材、围栏
Advanced Nutrients	肥料	营养素、花费
framhid	农产品竞价	注册用户 10 万，10% 是美国以外的用户
theseam	棉花交易	在线磋商及交易，分国内和国际交易两块

经过多年的发展，美国农村电子商务有了统一的标准和完善的制度，形成了一套健全的体系。

2. 加拿大农村电子商务的发展

加拿大农业信息体系齐全，电子计算机、互联网等现代信息技术广泛应用于农业生产与农民生活中，政府、企业、协会和高等院校等部门共同参与建设，形成了多层次、多元化的信息服务体系。

加拿大农业信息采集渠道主要有以下七个：一是组织农场主、协会和企业等召开研讨会，交流意见和建议；二是从互联网上搜索信息；三是从报刊上获取信息；四是向政府相关部门采集信息；五是向农业协会采集信息；六是从专家库获取信息；七是通过问卷调查收集信息。加拿大农业信息中心将搜集到的信息进行整理、分类并入库。

加拿大农业信息服务方式主要有以下几种：一是创建农业网站，发布信息；二是向农民发送电子邮件；三是向农民传真或邮寄资料；四是设立免费咨询电话，答复农民提出的问题；五是指派专家解答农民咨询的问题；六是组织农民进行培训，教会他们获取信息、整理信息和使用信息。

3. 日本农村电子商务的发展

日本农村电子商务发展模式也值得我们借鉴，日本在农村电商发展的过程中，比较突出的就是政府的作用。一方面日本政府高度重视农村电子商务的发展，制定了较为详尽的农村电子商务市场准则和农业信息化发展策略，并投入大量的资金支持农村基础网络设施建设，建立大批农业研究机构，并无偿地向农民提供现代信息服务，政府还对农民加入电商发展的行列中予以鼓励和资助，从而促使日本的农产品电子商务快速发展；另一方面 1997 年日本政府制定并颁布了生鲜食品电子交易的标准，主要包含产品的订货、发货、结算等交易标准，对日本各地区的农产品交易市场进行了电子化的改革，使交易双方在了解产品的规模和数量上就可以掌握农产品的其他信息，有效地节约了交易成本。此外，日本农协发布了全国 1800 个综合农业组合中各种农产品数量和价格预测系统，通过这个系统日本农业生产者可以清楚、便捷地了解到国内外农产品市场的交易信息，从而可以针对性的调整自身生产的农产品种植类型和交易价格，强大的计算机和网络通信技术，使日本农业情报系统网络逐步完善，农户可以随时随地地查询农产品市场信息、天气状况、农产品生产技术等信息。同时，日本电子商务行业还积极地致力于对农户进行计算机应用培训，针对国内老龄化问题，政府还适时地开发了利于老年人使用电子商务交易界面，使日本的农产品电子商务迅速发展壮大。

此外，日本的农业协同组合网站能全面介绍日本各地的农产品，从产品特征到栽培技术，从农业机械设备到市场行情信息，都能足不出户地从该网站获取。日本农协设在各地的事务所还可以送货上门，服务到家，极大地方便了当地农民，这与我国分布在农村的各个电商服务网点有着异曲同工之妙，我们可借鉴其服务的模式。

4. 韩国农村电子商务的发展

韩国的网络基础设施非常发达，宽带普及率世界领先，农业信息化水平也很高。2000年，韩国农林水产信息中心就开始建设电子商务平台，以推动农产品网上交易的发展，到2004年，已建成五个粗具规模的农业电商平台。该中心还免费对农民进行电商知识培训，教会农民如何申请自己的主页，并在上面发布产品信息、与买方沟通，农民逐步掌握了交易的主动权。2006年，韩国农业电子商务实现交易额20亿韩元。2009年，韩国政府设立了农水产品电子交易所，目前已发展成韩国交易量最大的农产品BtoB平台。Kgfarm是韩国BtoC农业电商的典型代表，最初有三种运营模式，即民营、政府运营和政府委托公共机构运营。Kgfarm也在大型综合电商平台上开设网店，消费者在Kgfarm上可以获取农产品消息，进行网上交易。

（二）国外农村电子商务的特点

1. 农业信息服务网络普及

计算机和互联网的全面普及，是发达国家农村电子商务快速发展的基础和保证。在这些国家，农村信息通信的基础设施得到了完善，计算机网络也随之发达。这些先进的计算机通信网络使农村生产者能更及时、准确、完整地获得市场信息，有效地减少了农村生产经营的风险。

2. 农村电子商务向专业化方向发展

目前发达国家的农村电子商务正向着专业化方向发展，已有电子商务平台根据其市场和用户定位不同，可以分为信息咨询和电子交易两大主要类型。前者的目标是实现市场信息的网络化传播，以提供农村市场信息、农村生产咨询信息等内容为主；后者的目标是实现农村商品交易的电子化，以农产品、农村生产资料和农村服务的网上交易等内容为主。农村电子商务的专业化发展，使农产品的生产、加工、流通等过程日益精细，操作方式也大大改进，促使农村现代化经营水平不断提高。

3. 农村电子商务的全程化服务

随着信息化在农村领域的深入发展，农村电子商务的影响不再局限于某一独立的生产过程或单一的经营环节，而是渗透到农村生产经营的整个阶段。在这个过程中，农村企业或农户对商务信息的需求越来越强烈，对信息及时性的要求越来越高。农村电子商务的全程化服务，有力地促进了农村产业结构的优化调整，改善了农村生产经营中的薄弱环节，使发达国家农村的原有优势得到更充分的发挥，而且使其原有的劣势逐步改善以至消失，极大地增强了发达国家的农产品在世界市场上的竞争力。

二、国内农村电子商务发展模式比较研究

（一）我国农村电子商务典型发展模式及其特征

农村电子商务是指发生在农村地区的电子商务活动。近年来，随着信息技术的不断创新，我国农村电子商务也步入高速发展期，交易额逐年上升，各地涌现出了缤纷多样的农村电子商务发展模式。

1. 浙江遂昌模式

由于"九山半水半分田"的自然条件，遂昌生态环境虽优越，但工业化程度比较低，农产品品质好，但始终面临散、小、弱的规模劣势。2005年至2010年间，遂昌县开始出现零星销售土特产的网店。2010年3月26日，在返乡创业的潘东明的大力推动下，遂昌网店协会（以下简称遂网协会）由遂昌团县委等政府机构和企业共同发起成立，并开展了一系列公益培训。遂昌从事土特农产品电子商务的网商数量迎来了短暂的喷薄增长，增长到近千家。但好景不长，大多数的网店陷入了经营的困境。2011年3月，潘东明总结了问题背后的深层次原因后，发动遂昌网店协会部分理事，筹资成立遂网电子商务有限公司（以下简称遂网公司）。遂网公司和遂网协会有机结合，旨在建立和完善农产品电子商务产业链的分工协作机制。截至2013年底，遂昌网店协会共有会员1600多家，其中网商会员1400余家，供应商会员200余家，服务商会员近50家，为城乡中青年群体提供了近5000个就业岗位。2013年5月，遂昌又创建了浙江赶街电子商务有限公司，在村里建立"赶街"电子商务服务站。通过为农民提供本地生活信息服务、电子商务和农村创业三大便民服务，将电商触角根植于广大农村。

截至2014年6月，已发展赶街网点数140个，带动农村就业约200人。在政府的支持下，潘东明以不足200人的团队很快建立起电子商务综合服务平台的商业模式，现已进入模式稳定、多地复制的快速成长期。相继获评"最佳网商城镇""淘宝'特色中国'中第一家县级馆""浙江省首批电子商务示范县"等荣誉称号。

2. 江苏沙集（东风村）模式

位于苏北徐州市睢宁县的沙集镇，其主导产业的发展历经了养猪业、废旧塑料回收加工业、简易拼装家具电子商务三个阶段。第一阶段：2006年，东风村的年轻人孙寒从县移动公司辞职，返乡开起了第一家网店，从事简易拼装家具的网络销售及加工，自产自销拼装家具；第二阶段：2007—2009年，凭借脱贫致富的内在动力和长期在外务工所形成的经商文化，加之家具产业较低的技术壁垒和资金壁垒，村民自发的简单模仿复制开启了东风村网销家居时代；第三阶段：2009—2012年，由于科研院所专家学者的频繁调研和当地政府的重点关注，东风村的涉农电子商务进入到了快速成长期，网络销售及加工同时

带动了板材生产加工、五金配件、物流、快递等业务的崛起和发展。目前，全镇共有网商4000余家，网店5000余个，家具厂402家，从业人员15300人，物流月出量近4万件、4500余吨。2014年，电子商务产值突破20亿元。相继荣获"最佳网商沃土奖""中国电子商务农村创业优秀奖""江苏省农村信息化应用示范基地"、江苏省首批"电子商务示范基地""中国淘宝村"等荣誉称号。

3. 河北清河（东高庄村）模式

在有"中国羊绒之都""中国羊绒纺织名城"之称的河北省清河县，羊绒的市场占有率是中国的75%，世界占有率的60%。从20世纪90年代起，以东高集团为代表的几家企业开始向羊绒深加工转型，但因销路不畅，最终由于资金链断裂而倒闭。

直到2006年，清河县东高庄村的待业青年刘玉国注册了一个淘宝网店销售羊绒裤和羊绒衫，无意间点燃了清河县羊绒电商的星星之火。之后刘玉国主销羊绒纱线，并注册了"酷美娇""玉叶云台""雪玲珑"等品牌，年销售额直达2000余万元，成为全县有名的"淘宝大王"。如今，这个近500户、人口不足2000人的小村庄有75%以上的农户开设网店。整个清河县网店数量超过7000家，年销售额15亿元以上，从事羊绒产业的规模以上的企业有200余家，羊绒纱线产品的市场份额达到整个淘宝网的74%，是全国最大的羊绒制品网络销售基地。2014年清河县入选"中国电子商务百佳县"，同时获评"全国电子商务贸易顺差最大县"第三名，东高庄也成为全国首批13个"淘宝村"之一。

4. 山东博兴模式

自2006年山东省博兴县湾头村创建第一批淘宝店以来，线上交易已经成为草柳编、老粗布等特色传统产品的主要销售渠道，有力带动了当地村民就业和村民增收。截至2015年8月，在山东省的13个"淘宝村"和2个"淘宝镇"中博兴县分别有6个和1个，在全省占比分别是46.2%和50%。阿里研究院的统计数据显示，博兴县淘宝网店日均成交1.37万单、150多万元，2014全年电商交易额达310亿元。依托大企业已建成运行8个电子商务平台，在册淘宝商户达8374家，同比增长160%。直接从业人员2.7万人，同比增长110%。除8个电商平台外，还有85%以上的中小企业应用第三方电商平台，开展在线销售采购等活动。60多家跨境电商企业实现在线交易额20多亿元，成为电商新的增长点和亮点。

截至2015年8月底，博兴县电子商务交易额达211.4亿元，其中，农村电商交易额4.7亿元，网商（网企）突破1万家，直接从业人员3万余人，间接带动周边10万人。目前博兴县传统产业与电子商务的有效融合，为大众创业、万众创新提供了新空间，催生了新兴业态，创建了就地就业、就近城镇化的有效模式，成为经济转调发展的新引擎。为此，博兴湾头村、城东街道、顾家村、锦秋街道被相继命名为全国首批淘宝村（镇）（共20个）。博兴县先后被评为"山东省农村电子商务试点县""阿里'千县万村计划'农村淘宝试点县""全国电子商务百佳县"。最近，国务院发展研究中心专题调研博兴县的淘宝村和淘宝镇，形成了"互联网＋"博兴样本向全国推广，使博兴电子商务的区域效应和品牌效应扩展并凸显。

5. 世纪之村：蓝田模式

兰田村位于福建省南安市康美镇南部。2006年，村支部书记潘春来出资100余万元创办了"南安市新农民培训学校"，取得良好的效果。2008年，兰田村又创造出一个集信息交流、农村教育、农产品市场、劳务需求、金融服务、村务管理、农村文化建设等为一体的，具有自主知识产权的"世纪之村"农村信息化综合服务平台，被誉为"兰田模式"。

目前，已在泉州市2300个行政村和社区全面上线使用，并在福建、湖北、江西、新疆、广西等省区推广使用，建立2万多个信息点，发布农产品生产、供求信息870万多条，月交易额上亿元，提供就业岗位4万多个。兰田模式采取了一种自下而上的发展模式，由最了解农村的基层干部提出，因地制宜，直指村民最核心的需求，在设计运行机制时，充分考虑所有相关主体：比如地方政府、村两委、信息员和村民的直接利益，在低成本中实现整个平台的启动和运营。这种模式是中国农村信息化领域的一种创新型模式，它极大地加快我国农村信息化建设的进程，缩短农村与城市信息鸿沟，取得了很好的经济效益和社会效益。

6. 陇南成县模式

地处甘肃陇南市的成县，被誉为"中国核桃之乡"，该县电子商务的发展和县委书记李祥的推动有着密不可分的关系。李书记因在网上频频叫卖家乡的鲜核桃，而被网友尊称为"核桃书记"。在"核桃书记"的带动下，成县涌现一批通过微博、微信等社会化媒体营销核桃的卖家。在核桃产品热销热卖之后，成县又相继推出系列土特产品全面上线。随后，在陇南市委、市政府的支持和推动下，推进电子商务实现集中突破，短期内实现突破性进展。

截至2015年7月，全市共开展培训5.36万人次，新增网店398家，累计达到6312家；新增物流网店120家，累计达到483家；实现农产品网络零售总额10.15亿元，带动就业23471余人；挂牌成立了陇南电子商务职业学院；已建成市县乡三级电商服务中心，创建和加盟电商平台27个；正式上线运营西北地区首个淘宝网市级地方馆———"特色中国·陇南馆"；相继争取到国家电子商务示范基地，电商扶贫试点市和电子商务进农村综合示范县三个国家级项目和徽县、成县和礼县三个省级示范项目；所辖成县和武都区在全国率先被阿里巴巴集团纳入"千县万村"电商计划试点。异军突起的陇南电商受到社会各界高度关注和充分肯定，有媒体称其为"逆袭之路"，甘肃省委书记王三运指出，陇南市"探索出了一个贫困地区发展农产品电子商务的'陇南模式'"。

7. 江苏沭阳县"堰下村模式"

江苏省沭阳县是全国闻名的花木之乡，也是全国最大的花木种植地，建有国内最大的干花生产，花木从业人员达20万人。近年来，沭阳县借力"互联网＋"，依托全县花木资源优势，大力开展网络创业工程，鼓励花农上网和农产品网上直销，形成了助力特色农业，线上补充线下的"堰下村"模式，走出了一条独具特色的电子商务发展路径。

到目前为止，述阳县网商数量已达3万余家，年网上销售总额达40多亿元，快递发件量达6000万件，间接带动从业人数约15万人。据阿里统计数据显示，沭阳县农产品线上交易规模位居全国前三位。该县堰下村也以整齐的村庄建设、优美的环境先后荣获"江苏最美乡村""全国绿化先进村""全国首批'淘宝村'""江苏省电子商务示范村""江苏省三星级'康居乡村'"等荣誉称号。截至 2015 年 12 月 24 日，沭阳县共有新河、颜集、庙头 3 个镇获评"中国淘宝镇"，共有新槐村、堰下村、庙头社区等 22 个村获评"中国淘宝村"。江苏省沭阳县淘宝镇数量占全省四分之一，淘宝村数量占全省六分之一，新河镇成为全国首个实现淘宝村 100%全覆盖的乡镇。沭阳县成为全国五大淘宝村集群之一。正是凭着当地淘宝镇、淘宝村特色、电商政策、交通和会场设施、大型活动经验等优势和样本借鉴价值，沭阳县农村电子商务发展情况先后被《人民日报》《新华日报》等数十家主流媒体专题报道，并成功获得 2016 年第四届淘宝村高峰论坛举办权。

8.吉林通榆模式

吉林省通榆县是国家扶贫开发工作重点县，总人口 36.4 万人，其中贫困人口 10.3 万人。自古以来，通榆拥有优质天然弱碱沃土，是世界公认的杂粮杂豆黄金产区之一。除了有"葵花之乡""绿豆之乡"的美誉外，通榆还出产杂粮杂豆、打瓜、牛羊肉等特色优质农产品，但农产品商品化程度颇低。2013 年末，在当地县委、县政府的鼎力支持和深入参与下，通榆县组建了"通榆农产品电子商务发展中心"，并在天猫上建立了"三千禾旗舰店"，实行"统一品牌、统一包装、统一标准、统一质量"，将通榆农产品进行品牌化网络销售。

经过两年的发展，目前以"原产地直供"为核心理念，以"政府背书＋基地化种植＋科技支撑＋营销创新"为主要特征的"通榆模式"，既满足了各方的价值需求，也带动了县域经济的发展，得到了业界的高度认可和社会的广泛关注。截至 2015 年 6 月，"三千禾"10 个品类 30 多款产品已通过"云高速"销往全国 23 个省，销售额达到 5200 万元。先后成为"2015 年全国电子商务进农村综合示范县""'千县万村计划'农村淘宝示范试点县"。

（二）比较与思考

纵观我国八种农村电商典型发展模式，从中可以发现，近年来农村电子商务如"雨后春笋"般蓬勃发展，全国范围内涌现出了许多成功发展案例，实践成果丰富。分析其模式布局及基本特征，可以看出：目前，就全国农村电子商务而言，主要存在两种不同形式的农村电子商务。一种是以"浙江遂昌模式""陇南成县模式"为代表的自上而下的发展模式，它主要靠政府主导、国家投入、官办平台、自上而下发展。另一种是以"江苏沙集模式""义乌青岩刘模式""江苏堰下村模式""河北东高庄模式"为代表的自下而上的发展模式。它主要以市场驱动、市场主体自主投资、利用市场化电商平台、自下而上发展。其基本特点具有"四新"：新的交易模式、新的交易主体、新的交易理念、新的市场生态。在发展过程中，这两种农村电子商务发展形势同时并存，各具优势，但都存在弊端。两者相互促进，但又各自为战，这种状态直接影响着我国农村电商的长足发展。

为此，如何将这两种农村电子商务发展模式有机地融合起来，形成了一个全新的、良好的推进机制，已经成为各级政府和专家学者研究的焦点和热点问题。

三、国外农村电子商务发展对我国的启示

国外发展农村电子商务的成功经验,对我国现代农村建设具有重要的启示和借鉴作用。

(一)加快建设农村信息网络基础设施

加强农村信息资源的开发和应用与发达国家相比,我国农村的信息化基础设施建设仍较缓慢,东西部地区信息化发展水平也不平衡,网络应用受到一定限制。根据实际情况,我国应以农村信息化项目建设为切入点,通过"金农工程""三电合一"等项目建设,加强农村信息网络基础设施、信息资源与平台、信息技术等硬件环境的建设,扩大农村信息网络覆盖范围,提高农村的信息化程度,为发展网上农村商务信息服务提供保障。

(二)加强改善网上农村商务信息

服务发展的软环境网上农村商务信息服务,是加快农村电子商务发展的重要内容,政府必须重视此项工作,从政府投入、法律法规、保险、科技体制及成果转换等方面来促进其发展。借鉴发达国家经验,我国应逐步完善信息服务市场的法制法规、信用体系建设,制定一系列制度性和运行性规则,约束市场各方面的行为,促进市场的有序发展,并注重依法保证信息的真实性、有效性及保护知识产权等。建立适合我国国情的农村信息市场,建立和完善农村保险体系,通过实行农村保险制度,规避农村风险非常必要;加大对关键农村技术攻关和成果转化上的投入;建立丰富的信息资源库、挖掘多种网络和渠道资源,构建农村信息化保障机制。

(三)加强农产品物流体系

建设完善的物流体系,能够提高电子商务的效率与效益,从而支持电子商务的快速发展。发达国家的农村电子商务,不仅有专业化的电子服务平台,而且农产品物流服务的社会化程度也很高。我国农产品生产分散,规模小,流通效率低,应逐步建立起以信息技术为核心,以储运技术、包装技术等专业技术为支撑的现代化农村物流体系,促进农村电子商务发展。

(四)完善农产品信息标准化

建设电子商务的一个重要特征就是商品的信息标准化,我国农产品在信息标准化建设上相对滞后,制约了农产品网上流通的发展。为了适应农村电子商务发展的需要,引导我国农产品更好地走向世界,应加快信息标准、规范和信息立法工作,政府或行业机构应联合科研机构、涉农企业、农村合作社等部门,完善农产品质量等级、包装规格、交易结算等信息标准体系,以更好地实现农产品的电子交易。

(五)促进农村信息服务主体

多元化发展农村市场主体对信息的需求多种多样，要求有多元化的信息服务主体，在服务内容上有所侧重。发达国家的农村电子商务已迈向专业化，我国应借鉴其经验，并结合农村生产比较分散、信息化程度不高的现状，鼓励在农村电子商务网站建设中引入多元化投入机制，提倡由专业的第三方服务提供商根据市场需求建立专业化的农村电子商务服务平台，明确用户群体，有针对性地开展网上农村商务信息服务。

发展农村电子商务是社会主义新农村建设的首要任务，是以科学发展观统领农村工作的必然要求，是加快社会主义现代化建设的重大任务。发展农村电子商务，是顺应我国经济发展的客观趋势，符合当今世界农村发展的潮流和趋势。

第二节 我国农村电子商务发展的问题

在农村电子商务发展过程中，不可避免地会出现这样或者那样的问题，比如政府支持力度不足、农村电子商务主体发育不健全以及农村发展自身因素的制约等。

一、政府支持力度不足

(一)政府长远意识不强

目前，国内已有49个地方特色馆入驻淘宝网等第三方电商平台。其中，华东地区的地方特色馆共23个，占比约46.90%。华东地区省一级的地方馆共4个，但目前还没有独立的"江苏馆"，只有"泰州馆"和由"高淳馆"升级成的"南京馆"两个地方特色馆，相比农村电商发达的浙江省有9个地方馆仍有不小的差距。

据统计，淘宝网上交易超过50万笔的"金冠"店铺，10%都在青岩刘村。通过与义务小商品市场的供销联系，青岩刘村与义乌实现了"前店后厂"的产业链条。短短几年，义乌网商目前已发展到3万多家。相比之下，地方政府对农村电商发展还缺少大眼界，长远意识不强，部分农村虽然开展了电子商务的尝试，但由于发展力度、发展手段、发展环境等缺陷，产业的集聚度和供应链整合并不到位，目前还是以小规模、短链条的电子商务模式为主。农村各个地区都拥有庞大的农产品及加工品消费市场，但与之对应的却是农村较落后的"小农户"生产模式。这种"大市场、小农户"的倒挂模式，不仅生产效率低下，而且面对瞬息万变的市场供应和需求信息，农户往往不能根据需求来确定产量，从而导致生产结构调整不及时，供需产生脱节等现象。另外，政府管理和公共服务没有形成一条龙，虽然也有一些商业银行、运输公司进入农村电子商务集群，提供金融、运输等服务，但缺乏供应链服务的整合，很难形成规模效应，制约了农村电子商务的发展。

（二）政府推介渠道有限

在信息社会，品牌、包装、概念是营销的重中之重。打造富有内涵的整体品牌，发掘品牌价值，树立整体形象，是当前我国农村电子商务发展的必由之路。虽然，在地方政府的积极引导和推动下，一些知名网络运营商开始在农村注册公司、申请商标，开展原创设计，但设计思路也不够专业，加之当地政府知识产权保护意识淡薄，致使经营仍处在低水平模仿阶段。另外，政府对农村电商的品牌推介手段有限，地方自主品牌没有较高的认知度，产品附加值没有体现出来，产品收益水平受到了较大限制。比如，目前江苏9000余家涉农电子商务平台中，叫得响的区域性、全国性农产品电商销售平台凤毛麟角，农产品电商亏本运营在行业中比较普遍。以苏州市吴中区的"碧螺春"茶叶和阳澄湖的"大闸蟹"为例，都是全国知名品牌，有相当大的名气。但是，网上销售大多是以个人或个体经营户在淘宝注册网店，这些"电商"和"网店"小、散、弱，缺少地方政府的有效推动和行业整合，没有形成品牌优势，反而鱼目混珠搅乱了品牌的培育和提升。另外，政府主导的行业标准缺失，农产品包装成本持续攀升，生鲜物流成本居高不下，也进一步挤压了农村电商的品牌盈利空间。

（三）相关法律措施与机制不健全

首先，我国的法律法规还不够完善。到目前为止，我国还没有出台专门的电子商务法，更加不可能针对农村电子商务单独立法了。而全世界已有30多个国家和地区制定了综合性的电子商务法，如美国制定了《统一电子交易法》和《电子签名法》。对于一个新兴的行业，在迅猛的发展趋势之下，会出现越来越多的问题，如果没有完善的法律法规，就可能给不法分子以可乘之机。出现相关交易问题，也会因为缺乏法律而无章可循。在农村电子商务中其实更加容易出现问题，因为很多农产品不像工业品那样有专门的质量标准和管理体系，农产品来源于自然的生长过程，产品大小不一，成熟度也各不相同，很难进行统一，在买卖双方之间也就容易产生纠纷。而且要是真的在电子商务交易过程中出现问题想要追究责任，也很难找到责任者。相关法律的缺乏让政府部门监管和执法也存在困难。

其次，我国的社会信用体制还没有完全建立起来，部分企业信用度不高，法律意识淡薄，农村电子商务的发展存在一定风险。由于网络传播信息的速度非常快，一旦产生纠纷，隐私被故意泄露，就会产生不可估量的影响。国家工商总局统计数据显示，我国网购投诉主要集中在合同、售后服务和质量问题等几个方面。发生纠纷后消费者和交易者之间无法直接见面，部分商家对甚至对消费者的投诉置之不理，不断拖延。出现这类现象的原因主要在于法律法规的不完善，没有建立健全相关的保障和惩罚机制，农村电商经营者的失信成本非常低等。

（四）政府引导力度不足

农村电子商务之所以能够快速发展，其重要原因就是相互模仿、细胞裂变式的发展方式。然而，大多数农村网店没有自主设计能力和独立生产能力，网店商品的样图以复制其他网店为主，产品以客户下单后到其他网点拿货为主，网店自身的创新能力和自主运营能力比较弱。在缺乏政府有效的分类引导下，行业无序竞争必然会带来价格战，一些电商为了聚揽人气、提升销量，积累网店的信用价值，过度依赖于压价来推销他们的产品或服务，破坏了农村电商的整体运营环境和竞争秩序。

以唯宁县沙集镇家具网销为例，在推动电子商务迅猛发展的同时，当地政府的规划和引导没有跟上，导致产品单一、层次较低，同质化恶性竞争较为严重。比如，在设计环节上，为了"高效率"推陈出新，无视知识产权、产品专利，不做产品开发设计，直接抄袭仿制，甚至连网页上的展示照片都拷贝盗用；在生产环节上，为了降低生产成本，偷工减料，减少工序、以次充好的现象比较普遍；在营销环节上，为了扩大销量、提高信用、推广市场，电商竞相压价，大打价格战；在服务环节上，为了压缩开支，快递包装简陋，削减客服席位，售后服务不配套、不到位等。

政府规划和分类引导的缺失，导致同质化竞争加剧，不仅损害了农村电商群体的利益，缩减了企业利润空间，而且严重削弱了企业的发展后劲，破坏了农村电商的"生态环境"，也给品牌建设带来了负面影响。但从另一个角度看，同质化带来的产品"过剩"，一定程度上也是市场竞争现状下的一种平衡机制，这样可以倒逼品牌出现，带领企业游出中低端的"红海"，创新技术和产品，创新营销方式，游向高品质、现代化服务的"蓝海"，政府可以"借力"做强和推广当地品牌，实现真正的可持续发展。

（五）政府经济投入差异明显

相比城市，农村地区网络使用的基础条件比较薄弱，尤其是一些西北农村地区，政府投入、地理环境、自然条件的差异，是导致电子商务发展不平衡的重要因素。中国互联网信息中心研究发现，互联网发展程度直接影响着地区经济的发展水平，互联网越发达，则表明该地区的经济水平也越高。比如，苏州2014年农村互联网固定宽带覆盖率已达98.12%，农村家庭宽带接入能力达到8M，农村实现了3G网络全覆盖。与发达的东南地区相比，西北地区政府对农村电商投入相对较少，基础支撑薄弱。虽然，地方政府有意推动区域农村电子商务的发展，但受限于政府的财政收入和基础条件得不到有效改善，整体进展缓慢，不得不尝试较为稳妥而又缺乏特色的电子商务手段，或者干脆任由农户自由发挥，缺少科学规划和政策指导。从农村电商类型看，东南地区政府较为富裕，外出务工人员少，农民整体素质较高，具有一定的加工技术基础，发展特色加工品的电商居多，从事农产品交易的占比较小。比如，扬州的毛绒玩具，常州的复合地板，苏州的刺绣、玉雕、婚纱、羊毛衫等远近闻名，经济附加值高，网点数量及规模都比较适中。而西北地区地广人少，政府的财政能力有限，农村外出务工人员较多，农民收入不高，文化素质相对较低，大多农村电商选择了规模种植养殖和技术含量较低的特色加工。这些区域不平衡问题，已加倍反映在农村电子商务发展上，不佳的发展环境甚至已造成区内现有电商流向发展环境较好的苏南或周边地区，随之带来了配套生产企业、加工企业以及行业支撑力量的流失。同时，传统农产品生产也会因缺少销路而受到冲击，形成"马太效应"，阻挠我国农村电子商务整体水平的提升。另外，从电子商务数据统计也可以窥见一斑。

二、农村电子商务主体发育不健全

（一）农产品标准化建设滞后

农产品是农村电子商务的主要对象，在我国农业生产过程中，有着诸多的因素影响着农产品的生产。首先是农产品本身因素，像农产品的自身生长周期，结果生产数量等，还有农产品生长的地理位置，天气等外部因素影响。我国农产品的生产规模小，土地分散经营。据统计，中国的农民大多少于 0.5 公顷的耕地，破碎成块。与其他国家大规模的农业生产相比，大部分地区农村生产技术条件差，缺少规模化经营，产品品质差异不一，储藏设施简陋，缺乏深加工，对接外部市场存在一定难度。但是电子商务主要是以标准化的农产品作为交易对象，所以对农产品的质量、包装等都有着高标准。然而农户的分散经营，使得农业准则很难施行，标准难以统一，导致大量农产品生产过程中的高损耗，同时增加种植成本，不适应深加工的需要。

其次，农业知识不普及，人们长时间专注于提高农产品的产量，导致农业标准化工作的忽视。这类思维严重阻碍了农业准则意识的普遍增强。因此，诸多农业方面的相关标准仍然没有通过有效的途径向广大农民传播，存在很严重的"形式主义"。

再次，农产品质地监测技术措施落伍，难以实现农业标准化的要求。我国农产品的农药残留的问题，也是制约我国农产品成长的一大瓶颈。所以目前大部分农村农产品生产现状还达不到农产品标准化。

最后，农村运输方便快速的物流网络是农村电子商务发展的基础。但当前我国农产品物流配送网络还不发达，农产品配送成本高，我国还需要不断加大农村的物流配送网络建设。虽然通过这几年不断地对农产品物流行业的发展和完善，我国逐步建立起一个较为完备的农产品物流体系，初步形成了关于农产品的一个多层次的流通格局。但是就目前而言，我国建立起的农产品流通体系还存在着一些问题亟待解决。如由于农产品的流通环节众多，在流通过程中，农产品的损坏严重，给农产品的生产经营者带来了很大的损失。据相关农产品数据统计，每年我国会有 1.8 亿多吨因在产品流通中损坏的水果、蔬菜等农产品。在农产品的运输环节上的甚至达到了 30% 以上损失率，相对于欧美发达国家 5% 以下果蔬损失率，我国农产品浪费严重。

另外，农产品不同于其他商品，它具有鲜活性，易腐烂，保质期短，不易存储的特点，农产品的这些特点需要更高的物流水平。但在我国目前的物流网络体系中，除去县及县级以上的城市物流网络体系覆盖比较完善外，县以下的乡镇地区物流网络体系基本没有建立。受我国农村地区自然环境和经济发展水平的影响，我国农村的大部分地区的交通道路建设严重落后，公路网络没有形成，马路的通达程度不到位，道路状况不好。总的来说，对于农村交通道路的建设还停留在初级层次。此外，在农产品流通中扮演着重要角色的物流公司来说，在农村地区建立起一个物流网络收益是小于成本的，根据成本收益法，物流公司不会很愿意去投资农村的物流建设。农村被阻碍在了物流体系之外，农村市场的大部分居民表示收件不是很方便，物流已成为农产品电子商务发展的最现实的麻烦。在现实生活中，只有中国邮政在乡镇有主要营业网点快递企业，而就算是中国邮政也只能把货送到村委会，而且收费太高，因此，农村物流的费用对于农民来说比较昂贵。

总的来说，我国农业走向现代化发展受到农村农产品物流的不完善和效率低下的严重影响。农村电子商务的发展也离不开完善的物流体系，全力建设农村物流成为促进农村发展的重中之重。

（二）农村网络设施薄弱

媒体曝光某些地方农产品卖不出去的报道屡见不鲜，影响农村经济平稳发展的一个重要原因就是农产品流通不畅。而农村的电子商务网络基础设施薄弱是影响农产品流通不畅的重要因素之一，要保障农村电子商务快速平稳发展的重要前提条件，是建立健全完善好农村电子商务的网络基础设施。

首先，由于历史和现实的原因，我国农村网络建设才刚刚开始不久。一直以来，国家建设的大部分资金都被投入到了城市建设中，农村建设资金本就缺乏，在农村网络基础设施建设上可投入的就更加少。虽然近几年来，国家加强了对农村的建设，农村网络设施也一步步的开始建设起来。但是，总体而言，农村网络设施建设还不完善，农村网络基础设施仍处于较薄弱的阶段，像农产品信息服务点这样的基本网络基础设施还没有在各个村都建立起来。

其次，我国在网络基础设施建设方面各地区发展并不平衡。网络基础设施的建设从东至西成一个递减的态势。在经济发展水平高的东部地区，几乎每个村民家庭的家门口已经铺设了各种宽带或者无线上网的基本设施，基本上实现了电子通讯和互联网的"村村通"。但是在幅员辽阔的广大中西部地区，农村的网络根本就没有建设起来，城镇互联网络发展比较好，农村网络基础设施落后。

要知道，为农产品生产者提供广阔的销售渠道，提高农民收入，满足农民的物资资料需求是发展农村电子商务的主要原因。中国农村电子商务发展的主要力量是农业生产者。这样一来，位于我国内陆的广大中西部地区农村人口众多，农业生产多，生活在当地的农民迫切需要发展农村电子商务来满足自身需求。建立健全完善的网络设施，尤其是中西部地区农村的网络基础设施，是实现农村电子商务的发展和繁荣的根本保障。

（三）农村物流体系不健全

农村的分散化的经营，使得农村物流配送受到影响。基于相关的数据调查，对农产品的网上销售造成阻碍的因素中，选择物流的高达30%，在影响因素中位居首位。因此，物流是电子商务中必须考虑的问题。物流业的一个重要分支就是农产品物流。基于对农产品的加工、包装、存储以及运输配送，使得农产品的附加值增加。鲜活性是农产品价值的体现，但是农产品容易腐烂，其保质时间短，因此无论是流通加工、包装还是存储运输的要求都非常高。同时，农产品的不同，要求具有不同的物流的设备及运输工具。农产品供应的周期性以及积极性的特征显著，农产品的物流配送工作在农产品成熟时比较繁重，但是不在成熟期时，物流量就会大大降低，这使得农产品物流的运营难度增加。农产品物流虽然已经获得了一定进步，然而就整体而言，水平还比较低。农产品物流成本高，使得农产品价格增加，增加消费者的成本；同时，农产品价格增加并没有给农民增加收入，比如频繁出现"菜贱伤农"的事件，虽然农民获得丰收，然而因为物流成本高，使得农民销售成本增加。因此，较高的物流中间成本使得农村电子商务实施过程中影响了农户与消费者。农民消费方式同样受到物流的影响。

中国农村幅员广阔，人口分散，交通相对比较落后，统一进行商品的配送无疑存在着高成本、高经营风险等问题。当前第三方物流公司大部分都覆盖到县级，对于比较偏远的乡村则不能顾及。物流配送送货到家的便利条件，农民无法享受到，使得电子商务服务的质量受到限制，从而对于农民网上消费的热情起到了抑制的作用。

三、农村发展自身因素的制约

（一）农民电子商务发展意识不足

长久以来，我国农民文化素质都比较低，农村地域封闭，经济发展水平差，教育事业发展落后，导致绝大多数农民都缺少文化教育，大部分的人只上过小学和初中，有些甚至连学校都没有进过。这样一来，农民接受电子商务网络信息化的程度就会受到其文化水平低的制约。据第五次人口普查显示，我国农村人口占到了总人数的64%。但是在这占中国人口一半以上的农村人口中网民的数量仅仅只有2.6%的农村人口。在2017年的农村人口上网人数调查数据中显示，截至2016年12月，我国农村网民占比为27.4%，规模为2.01亿，较2015年底增加526万人，增幅为2.7%；城镇网民占比72.6%，规模为5.31亿，较2015年底增加3772万人，增幅为7.7%。这个增加幅度虽说看起来还不错，但是对比城市人口的上网人数还是相差甚远，城市人口的上网人数占城市人口的半数以上，这个数据是农村无法比拟的。农村人口上网人数还不到城市人口的2/5，城市和农村之间的上网数量差异巨大（如图6-2所示）。此外，在农村网民中，真正为了获得农业信息而上网的人数很少，从事农业的技术人员才会为农业信息而上网，广大农民不能获得信息。这说明，要想帮助农民脱贫致富，实现农业信息化，我们任重而道远。

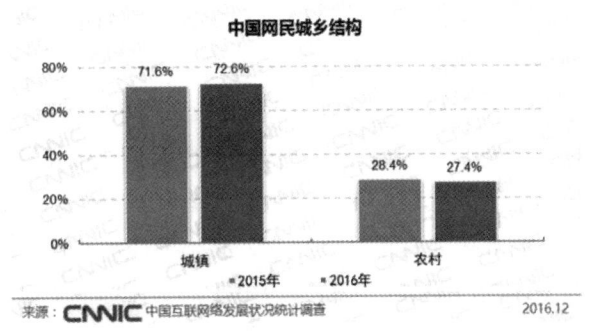

图6-2 2015—2016年中国网民城乡结构对比

农民的电子商务意识缺乏，农村经济发展相对落后，农民学历普遍不高，农村网民对网络的认知度不够，这些因素影响了其网络应用。农村网民在有关电子商务活动和信息获取等应用方面的使用十分低。很多农户认为电子商务是个虚拟的概念，在农村大环境下更青睐现金交易，而对电子交易缺乏信任，对网上销售、物流配送的了解更是知之甚少。有人对农村网民上网的主要用途进行了一项调查，发现大多数的农村网民上网只是农民的一种休闲娱乐方式，闲来无事网上看看视频，和好友聊聊天，玩玩游戏等。通过网络来进行电子商务活动的人数特别少，农村网络在农村电子商务的发展上基本没有起到作用。电子商务发展到农村，大多数农民还只闻其名不知其为何物。农产品电子商务对大部分农民来说，是一个真正的"外国游戏"，农民被当面交易的思维所束缚，不怎么熟悉"网上购物"的流程，认为网上交易对自己来说是一件天大的难事，同时亦害怕网上交易的不安全，这就导致农民普遍不信任网上交易，农村电子商务发展不起来。有调查表明学历与网上购物的比例成正相关的线性关系。而在中国农村，人口的文化素质本就不高。此外，大量的青年人出门打工，更是加剧了这一形势，农村剩下的大多是空巢老人和留守儿童，不平衡的年龄结构使农村地区对电商接受度不高。农民电子商务意识淡薄成为农村电子商务的发展一大障碍。

（二）农民自身信息化素质不高

虽然，从事电子商务并不需要太过专业的信息技术，只需要懂得简单的上网尝试，经过简单的培训，就可以在网络平台上购物或者注册网络商铺出售商品。然而，这也并非完全没有门槛的。必须具备基本的计算机尝试，让一个完全不知道如何上网、不知道怎样进行搜索的人网上购物比去实体店难得多，而让一个不懂得怎样上网、不懂得怎样拍摄图片、不懂得怎样打字的人开设网店更是天方夜谭。然而，对于农村的信息技术状况的调查显示，63%的调查对象从未学习过有关信息技术方面的知识，18%的调查对象通过自学，获得了一定的信息技术方面的知识和操作技能，而仅只有19%的调查对象接受过培训，或者在学校接受过专门的信息技术方面的课程的学习。

同时，在日常生活中，只有知道电子商务可以帮助自己找到自己需要的产品，帮助自己的产品找到销路，可以帮助自己活得更好，然后才有可能进行电子商务。然而，不同于城市的网民，广大的农村百姓，由于对于网络、电子商务方面接触机会很少，并没有把电子商务的想法融入自己的意识中。很多人，仅仅是知道有农村电子商务这么回事，可是真正遇到可以使用电子商务的情景的时候，他们最先想到的仍然是到现实的市场，接受市场中既定的价格。很多时候，在农村市场上，一些商品远远高于城市，而农产品的收购价格也往往低得可怜，但是农民们并不知道还有其他的选择，只能接受这个并不是自己主观上愿意接受的价格。传统的生产方式与交易方式的惯性是巨大的，对农村电子商务的影响也是十分强烈的，农村电子商务想要真正发展起来，必须要经历和传统思维惯性的较量。

接受新兴的电子商务，同时要敢于进行农村电子商务方面的尝试，方有可能从农村电子商务中获益。这种使用信息技术致富的意识和魄力是开展农村电子商务的力量之源。然而，一般的农民，往往注重稳定，不喜欢改变，更不喜欢承担任何风险，而电子商务本身也是需要资金、时间方面的投入,而产出却是无法肯定的,这就使得许多农民望而却步。第一个吃螃蟹的人是英雄,但是真正愿意当英雄的并不多。

此外,从事农村电子商务,特别是开设网店之后,还需要营销手段等来支撑起这个网店。电子商务是一种销售方式,网店同其他方式的销售企业一样,需要经营,并不是开个店之后就可以放任不管的,粗放式的经营很难在卖家繁多竞争激烈的网络环境中生存下去。

(三)农村人才匮乏

第一,农村电子商务人才培养不足。从目前来说,国家也投入了大量的资源培养电子商务人才,对于电子商务发展扶持是非常很大的,但是很多高等院校并没有引起足够的重视,加上师资条件或者硬件资源的限制,导致开设这一专业的学校不多。在开设了这一专业的院校中,又由于是冷门专业,很多家长并不希望自己的子女去报考农学方面的专业,所以很少有学生主动报考,但很多学生都是被调剂或者是觉得容易录取才报考。这些学生受所处学术环境或者自身原因的影响,能真正潜心专研的很少,能学有所成的就更少了。

第二,农村吸引力不足。我国每年都有数十万农学相关毕业生,但是很少有学生会主动到农村基层去工作,主要是因为农村经济发展较慢,交通不便,很多学生来自农村,从小就体会到农村的苦,好不容易考上大学跳出龙门,自然就不愿意再回到农村去了。同时,国家吸引人才到农村的政策措施也很缺乏,无法保障到基础的学生享受和城里同样的待遇和发展机会。

第三,教育程度较低。长期以来,我国城乡教育差异较大,农村地区受教育群体和层次明显都要低于城市地区,再加上农村地区互联网等信息技术发展缓慢,导致农村居民中能操作电脑的人很少,懂信息技术的人就更少。农民对电脑接触少,又缺乏人员的培训和引导,更加难接受这样的新事物了。相关统计显示,到2016年底,我国农村地区网民的主力是初中学历人员,互联网普及过程中增长的主体也是低学历人员。这样低的教育程度必然会影响到农村电子商务的发展,阻碍其发展进程。

(四)部分地区同质化竞争严重

所谓的同质化竞争是指具有相同功效或者相同功能的产品,其不同的品牌名称,如我们经常使用的洗发水有很多类型的品牌,但是这些品牌的洗发水的功能却都是用来清洗头发。这些品牌大多数具有近似的产品外观,相同的使用价值,互相模仿的营销手段,包装服务方面也因为容易模仿而愈加相似。最后的结果就是这些产品基本趋于一致,实质并没什么差别。同质化竞争出现在市场的产品上时即是我们所称的"同质化产品竞争"。

由于现在网络技术的发达,各种信息通过网络可以快速传播。而网络电子商务经营模式由于方式简单,只要能基本操作电脑就能复制别人的经营模式。这样,大多数农民当看到周围有成功的案例,并且盈利丰厚的时候,就会相继模仿。经过一段时间的发展之后,这一地区的网店数量就会大幅增加,但产品之间却缺乏各自的特色和品牌,导致同质化竞争加剧,经营商的利润会不断减少,一部分电子商务经营者为了维持自己的收益率可能会通过降低产品质量来削减成本,甚至可能会有部分商家利用劣质的产品来充当好的产品卖给消费者，欺骗消费者。时间一长，反而破坏了当地积累起来的好名声，对本地的网络销售的信誉也会产生不良影响。沙集、遂昌在发展电子商务的过程中先后都出现了同质化竞争严重的问题，因此我们要未雨绸缪，在开始发展之初就要考虑相应的解决措施。

品牌对商品的销售有着非常重要的影响，一旦品牌效应建立，获得消费者认可，消费者便愿意去购买这种产品。但在电子商务发展的初期，很多农民由于自身知识和经历的限制，忽视了品牌的重要性，不注重对品牌的建设，只看到了眼前的利益，认为只要自己的产品能在网上卖出去就行了，却忽视了长远利益。这就需要我们进行正确引导并传播这种思想，让他们认识到品牌的重要性。

第三节　我国农村电子商务发展的策略

在对当前我给农村电子商务发展中存在的问题进行分析之后，还针对现在存在的这些问题提出有效的解决对策，如加大农村电子商务的政府支持力度、完善农村电子商务的发育主体、突破农村发展的局限等。

一、加大农村电子商务的政府支持力度

（一）突出宏观指导规划

市场是农村电商发展的主导力量，它将促使农村电商出于趋利避害的自觉，寻求默契与合作，不断创新、主动改变、适应需求。从外部环境看，政府要从初期的"无为而治"，转变为现在的"主动作为"，更加积极发挥作用，顺应发展需要，以"开放融通、兴商惠民"为根本，以创新意识为关键，以信息技术为手段，切实将科学技术转化为生产力。可以成立推进农村电子商务发展的领导机构，协调政府主管部门、涉农服务部门、专业技术协会等，建立"多方参与、分工负责、合力推进"的资源共享机制。按照科学发展观的要求，依据国家有关加快电子商务发展的政策，研究制定发展农村电子商务的总体规划，有步骤地推动农村企业融入现代流通体系改造，重点建设大型农产品电子商务交易平台，加大对广大农民和农业龙头企业开展电子商务的引导力度。通过深化"电商村"建设，促进电子商务在农村的普及应用，并以适当方式奖励有突出贡献的农村电商发展带头人以及涉农电商企业。同时，加快建设农村地区物流仓储等基础设施，推动电子商务服务业发展，提升美工摄影、技术支持、网店代运的质量，鼓励行业协会等中介组织的设立，进一步营造有利于农村电商发展的市场环境和政策环境。

（二）强化政府职能

首先，政府要尽快制定促进措施。把推动农村电子商务作为一项决策性的关键性任务，

"十三五"规划将农村电商的发展作为构建农村电商体系的首要纲领、第一目标,以形成农村电商发展的重要数量、过程、质量、规划依据,确立农村电子商务发展的近期、中期和远期规划,按计划、有重点、分步骤地安排实施,加强政策法规建设。

其次,合理布局,完善公共服务配套,破除农村融资难问题。用农村当地已有的优势资源,结合当地实体集团产业分布,利用科学规划方式,充分吸收当地和外地的资源优势,加强合作、加宽渠道,对将来可能自发形成淘宝村或网络市场的农村地区,给予更大的支持。以线上销售为主、线下体验服务配套的大趋势下,地方政府应根据当地产业发展需要加大投入,优化有形市场的公共环境,引导电商企业合理制定相关准入门槛,在资金方面,扶持缺乏资金的网商而实现共赢,充分调动银行等金融机构加大对农村淘宝的支持与合作,通过制定亲民合理的帮扶方式,重点解决农村缺乏资金的农户投入电商。

最后,积极培育市场主体。充分利用国家发展信息产业和西部大开发、连片扶贫等机遇强化,结合不同地域农村特色和资源,分部类、领域、合理有效地推动农村电子商务的发展。强化政府尤其是基层政府的职能和责任,通过财政政策、产业政策、金融政策的激励和扶持,加快推动农村电商的发展,加强政策引导农户准确的消费观和购物理念。

(三)加大财政投入力度

要把促进农村电子商务的发展作为政府重大建设项目,建立健全多渠道投入机制。农村信息基础设施的完善程度,决定着农村电子商务发展的前景,也是农村电子商务发展的前提条件。政府部门、网络运营商等应积极响应李克强总理"提网速、降网费"的号召,加大网络基础设施建设、电子支付系统建设、物流配送体系建设、安全保障配套建设等方面的投入,建设更广覆盖面、更快速度、更高安全性的网络通信系统,加大现有设备的更新改造力度,扩大农村宽带接入的范围和比重,降低互联网接入的资费水平,提高农村互联网的普及率,从而促进更多农民上网,让"互联网+农村"惠及更多农民创业和置业。针对欠发达地区,农村电子商务发展应实行投入倾斜政策,加大农村电子商务的推广宣传力度。同时,整合党委、政府的资源,统筹规划,整体开发,集约利用财政资金,以项目资助、创业贷款、奖励补贴等方式,有计划地争取和使用各部门的相关资金对农村电商进行扶持。

(四)发挥行业中介组织作用

在电子商务发展过程中,行业中介组织的建设和完善,在加强行业自律、开展业务培训、引导行业发展等方面将起到积极作用。比如浙江省,政府借助电子商务促进会积极开展"万企上网""电商大讲堂"等活动,在优化市场、营造氛围方面发挥了积极作用。作为农村电商自己的组织,电子商务协会在维护电商利益、反映行业诉求等方面也发挥出了一定作用,比如,抵制快递企业不合理涨价,商请电信部门提升网络服务等,较好地体现了协会对外协调的职能。大力发展行业中介组织是电商改革的大势所趋,很多政府不便做、不能做的工作,都可以移交给行业组织。一些工作由行业组织出面牵头,成效会比政府出面更好,更利于行业发展。目前,南京、苏州、无锡等地,包括部分区(县)已建立了电子商务协会、电子商务专家咨询委员会等行业中介组织，在承接展会论坛、运营平台项目、开展统计监测等方面起到了积极作用。为此，省政府应着力推动省内龙头企业牵头，成立省电子商务协会，进一步发挥行业协会的积极作用。同时，可在全国范围内遴选一批行业专家，成立省电子商务专家咨询委员会等行业组织，尽快形成行业组织助推发展的内生动力。此外，政府还应积极引导电子商务协会不断发展完善，通过协会加强网商间的协作，在培训、订单、设计、设备等方面实现资源共享，增强网商的主体意识，实现自我管理、自我服务，维护整体利益，避免无序竞争。

（五）加强相关法律法规建设

通常情况下，新事物的出现要快于法律法规制定的建设。自从电子商务以来，整体发展迅猛，但也引出了不少问题，这些问题直接或间接地影响到了电子商务的发展与繁荣，其中的许多问题需要通过法律法规进行规范才能予以解决。同时，法律建设要求有前瞻性。针对快速发展的失误，有预见性的法律能够为电子商务的进一步发展提供依据，使得电子商务的保持健康的发展势头。

农村电子商务在法律的法规建设方面比其他的电子商务的特色更加突出。农村电子商务的特色通常映射到法律法规与监管制度等的需求。例如认定产品等级、验证产品质量是否合格等，而当前这方面的法律法规的建设标准与规范并不能满足农业新产品发展的要求；与此同时，针对农业产品、种苗等网络责任的认定以及追究方面，管理制度以及专门法律依据缺乏。当前农村电子商务不断发展，上述问题日益凸显，直接影响着农村电子商务的发展。因此，对涉及农业的电子商务的有关法律法规进行完善，依据实际，让农村电子商务法律体系在具体实践中不断健全，从而使得监管制度不断完善，促进农村电子商务的健康发展。

二、完善农村电子商务的发育主体

（一）建设标准化农产品

在互联网上销售农村农产品，即使品质再优，没有恰当的品牌传播也很难实现应有的市场价值，因此，有了品牌就等于有了质量保障，才能让购买者买得舒心，买得放心。各级政府要充分认识品牌农产品对农民增收和县域经济发展的重要作用，采取各种措施，下大力气，拿出资金，采取切合实际的宣传途径，大力宣传品牌农产品。同时，要建立全国统一可查的农产品质量追溯体系平台，建立好利用好媒体、网络等平台宣传品牌农产品，提高农产品的知名度。

首先，培育区域特色农产品品牌。结合区域特有的地域及人文特点，积极引导个体走特色化、差异化道路，主动率先求变和上档次，打造最优的农产品品种和质量。使农产品品牌具有自身独特的个性和亮点，不仅要自己精心打造，还要积极观察相似品牌的亮点，不仅要让品牌有内涵，还要使品牌具备长期发展的潜力。依托当地农产品生产基地和旅游资源开展休闲采摘、农耕体验、农家乐等休闲农业乡村旅游活动，让消费者在爱上当地农产品的同时，还想去亲身领略一下实地的自然风光。

其次，严格农产品的标准化品牌化生产。坚持农业标准化生产，支持农户生产主体积极追求质量品质，同时，还要想尽办法保护品牌权益。可以采用"龙头—基地—农户"的发展模式，通过建设龙头企业、成立农业合作社等方式将分散的农户联合起来，形成一定规模，有效解决农村电商品牌规模小、宣传范围有限等问题。

最后，建立农产品品牌化现代营销渠道。农产品的品牌化建设归根结底还是通过市场化来实现的，在农产品的培育、销售环节上，在品牌营销上，要广辟途径，多措并举，把直销、实体店分销、电子商务销售等多种渠道结合起来，尤其在互联网日益普及的大背景下，必须重视电子商务的销售。中国农产品的种植和生产分散，标准化程度低，流通方式落后，传统的流通渠道如批发市场、农贸市场还是占到大比例的，现代流通渠道如农产品连锁超市还不够普及等问题，使建立完善的农产品追溯体系成为一项长期且艰巨的任务，体质问题要靠政府处理，技术问题则需要企业出力。政策的推出要符合实际情况，根据现有的问题制定有效的方针政策，大举支持电商生产主体通过先进技术、对农产品经营进行科学有效的管理，对新兴的二维码扫描技术等加强推广和应用。学习安全追溯体系完善的欧美国家，从他们的经验来看，条码标签技术和系统是最好的农产品质量追溯基础体系。

（二）加快农村电子商务基础设施建设

农村电子商务的建设发展对农村经济的发展具有重大作用，有利于促进农村产业结构升级，促进农村经济全面繁荣。农村经济赶上来了，就意味着城乡之间的发展水平差距缩小了，离共同富裕的目标就更进一步。要发展农村电子商务，农村电子商务基础设施建设是先决条件。因此要加大对农村的电子商务基础设施建设。

要加大对农村的电子商务基础设施建设，首先政府要做好指导工作，加强对各部门之间合作的管理，对农产品电子商务基础设施建设进行统筹规划，建立阶段建设的目标。现阶段，由于我国农业存在条块分割，导致各地区参与农业管理相关的部门较多，不同的部门有不同的上级主管部门，这样就存在管理不力，各部门相互扯皮的现象，农业信息基础设施建设不到位。针对这一情况，政府要统筹各部门工作，避免推诿、扯皮现象的发生，提高工作效率，完善农产品电子商务基础的建设。要加强政府与各农村地区的联系，从而进行农村电子商务基础设施建设的指导工作。要根据各个地区实际的需要加快推进农村的信息化基础设施建设，引进计算机网络、电话等电子设备，让更多的通信技术和互联网技术在农村地区得到较好的普及和更新。此外，各种国家政策性银行和商业银行支持电子商务的农村金融支持，加大对相关企业与农民的贷款，从而提高企业与农民进行农村电子商务基础设施建设的积极性。

目前，我国农村电子商务发展水平东西地区不平衡，地区差距大，基本上呈现自东向西递减的发展格局，且与地区的经济发展水平表现出一定程度的正相关的线性关系。总的来说，农村电子商务发展水平最高是东部发达地区，中部大部分地区的农村电子商务发展是一般水平，而西部地区农村电子商务发展水平远远低于全国农村电子商务发展的平均水平。以北京、上海、广东等发达地区为例,这三个地方的农村电子商务的发展水平居于全国首列,远远领先于中西地区,这正是由于这三个地区的经济发展水平高和政府对农村电子商务的基础建设投入大,因而使得该地区的农村电子商务发展水平高。这样来看,农村的电子商务发展要靠政府的政策指引和资金支持,农村的电子商务基础设施建设需要政府的大力投入。所以,国家在完善对东部地区农村电子商务基础设施建设的同时,对我国中部、西部农村地区进行政策倾斜,加大对中部西部农村地区的投入力度。政府应主导对农村网络基础设施的建设,实现电子商务的城乡统筹发展。解决网络与农民对接"最后一公里"的问题,各级政府应该拿出一部分专项资金。接着更重要的则是对"软件"的更新,把发展农村电子商务放在更加突出的位置,切实转变发展理念,把发展农村电子商务作为推进农业产业化调整的一个契机。

(三)加强农村物流建设

农村物流水平是制约农村电子商务发展的主要因素,虽然电子商务在农村发展巨大的市场潜力,但电子商务交易达成基础是物流配送。物流并不是农民擅长的领域,由于农产品或者是农用产品的特殊性,对于农村的运输有特别的要求。农村电子商务物流的发展应该对外包模式进行借鉴,对于农村电子商务发达地区,需要建立农产品绿色通道。为了保证农产品的运输质量,我国已发布了《全国高效率鲜活农产品流通"绿色通道"建设实施方案》,方案中首次明确规定了"鲜活农产品"的5大种类,即新鲜蔬菜、新鲜水果、鲜活水产品、活的畜禽和新鲜的肉、蛋、奶。运输上述物品的车辆,可以通过"绿色通道"进行运输,在节约时间的前提下,还可减免道路通行费。

对于农村电子商务欠发达地区,应积极在农民和涉农企业中培育物流公司。所谓物流公司即是从事物流的企业,主要包括供销合作社、农业公司、农产品配送中心、农产品物流经纪队伍等。目前在我国,工业品物流公司发展非常迅速,但农产品物流公司发展极为缓慢,这里除了一个认识问题外,重要的是涉及利润空间相对较小的问题。所以,政府必须出台相关的鼓励政策,鼓励企业进入农产品物流行业。

此外,通过专门第三方物流,也可使农村电子商务运输难问题得到有效解决。即服务外包,服务外包指的是企业或者是个人将自身不能实现的业务,或者是自身不熟练的业务,向专门的企业或者个人进行转移,前者向后者支付一定报酬,获得后者的成果。通过服务外包,使得企业或者个人能够更加专注于自身的优势,使得因为业务流程太长而分散资源的问题得到避免,从而节约成本,增加经济效益。

(四)实现农产品品牌化与信息标准化发展

随着不断出现的食品安全事件,消费者对食品安全的关注度越来越高,对食品安全的要求也日趋重视。在这样的特殊时期,黑土猪肉进入市场,机遇与挑战并存。但是只要运用正确的宣传方式和营销方法,就能趋利避害,打开销路,不仅可以获取高额利润,而且可以树立品牌在消费者心中的形象,对企业长远的发展有着重要意义。山西省太原市阳曲县昌盛源生态种养殖专业合作社成立于2007年,一直从事黑土猪纯天然生态养殖,出产的黑土猪肉品质上乘，但是并未得到大面积推广，除在阳曲县青龙镇有实体店外，太原市仅有两家代销点。我们建议其在农产品品牌化和信息标准建设化入手，选定成熟的合作电商平台，通过平台对该品牌严格的准入筛选，按照要求将企业的销售导入CI（形象识别系统）、VI（视觉识别系统），从而实施品牌战略，拓展连锁经营，开设昌盛源黑土猪肉专卖店，严格按照GB/T19221《农副产品绿色零售市场》标准和GB/T19575《农产品批发市场管理技术规范》的要求经营，创建"五统一"（即统一配送、统一装饰、统一标识、统一标准、统一管理）新型猪肉连锁销售模式。

农业的增长与发展在于提高农产品的品牌化和标准化，这不仅能够提高农产品的质量，还能够提高农产品的市场竞争力，而大力构建农村电子商务平台，也是农产品走向国际的必经之路。

（四）构建专业的实用电商平台

1. 丰富完善农业信息网站

应当加强建设政府部门主办的农业网站，提供丰富完善的农业信息，提高网站的信息服务水平。这些农业网站，不仅包括湖北农业信息网、湖北农业机械化信息网、湖北农产品网上展销会等省级网站，还包括各荆门农业信息网、黄石农业信息网等市、州、县政府主办的农业网站。加快建设专业化的农业网站的步伐，不断优化网站内容，增强用户的体验感。条件允许的情况下，可以试点建设农业电子商务平台，然后逐步推广。

2. 鼓励涉农企业建立门户网站

有实力的大中型农业企业，应整合企业现有资源，建立门户网站，有条件的还可以自建网络交易平台，提供咨询、销售、支付和售后等一条龙服务。企业经营者不仅要及时更新网站内容，比如产品信息和价格信息等，还要利用网络平台拓展商机，加强和供应商、客户的信息交流与沟通，提升自身对市场变化的适应能力，从而降低运营成本，增强客户的满意度，拓展销售渠道，提高企业的盈利能力。

3. 加快建设农村电子商务平台

电子商务网站是网上的交易市场，是开展电子商务活动的网络平台，其数量越多，为农民、农业企业提供的交易机会也越多。当前，我省农村电子商务网站在数量上有待进一步提高，质量上也需进一步提升，应加快农村电子商务综合平台的建设力度，为农产品交易、农村市场信息流通提供便利。

电子商务平台的建设给企业带来了无限的商机，它的发展又依赖于农业企业的积极参与。因此，要鼓励涉农企业积极利用各种电子商务平台，包括综合性、专业性、区域性电子商务平台等，例如乐村淘http：//www.Lecuntao.com 和金农网http//www.agric.com，淘实惠http：//www.zhc365.com 等。

三、突破农村发展的局限

（一）培养农村信息化人才

农业信息化和农业电子商务的发展，必然要有大量的人才作为基础，人才是掌握农村电子商务发展的关键力量，农村由于自身的局限性，在人才培养上和电子商务发展的人才支持上非常欠缺。基于此，其一，我们应该注重高校电商师资队伍的建设。首先当地政府和教育部门应该鼓励和支持当地设立电子商务培训机构，当地各大高校也应该发挥电子商务人才发展的主渠道作用，设立专门的农业电子商务专业，重视省内农业院校电子商务发展的质量，加强农业电子商务重点学科建设；其次要促进农村电子商务课程发展的教师人才引进，依据国家的相关法律法规，为这些骨干教师提供相应的优惠政策，并鼓励具有电子商务相关技能的人才从事农业电子商务教育的科研活动，激发他们对农村电子商务发展的教学科研的积极性，以此打造出高素质、高质量以及高技能的省内农村电子商务教育发展的人才队伍。

其二，我们要十分重视对现有农业信息的管理工作以及从事农村电子商务发展的人才的培训工作。首先要积极地抓好农业信息部门工作人员的服务培训工作，提高农业信息收集、整理、分析和发布的水平；其次要加强对农村居民相关农业电子商务发展的知识宣传和应用培训工作，对农民普及相关电子商务交易的知识，让农民了解到电子商务在农业生产和销售经营，以及自身生活发展上的突出作用。

（二）培训部分带头人，发挥引领示范作用

一方面要通过农民群众喜闻乐见的形象宣传电子商务，帮助他们转变思想观念。在全国各地的农村电子商务模式中，很多最先发展电子商务的群众都是从无到有，从弱到强，极大刺激周围的群众，并对他们的思想观念产生重要影响，最终都积极主动参与到电子商务的发展中来，所以，各地要通过对种养大户和农村经纪人的重点扶持，让他们成功尝试电子商务并取得巨大收益的事迹起到良好的示范作用，农民相继模仿，并不断扩大电子商务范围，带动广大农民共同致富。可以借鉴村村乐集团的发展模式，即选聘当地村庄的大学生或者村集体负责人担任各村的"网络村官"，搭建起农民走向互联网电子商务的桥梁，让农民真正相信互联网电子商务，并积极参与进来。

另一方面，还可以采取集中销售的方式，即某一个电子商务经营比较好的农民负责网店的运营和销售，周围生产者生产的产品都交给他在网上销售，收益由生产者和网店运营经销者协商分配。政府还可以建立示范县和示范村，起到示范带动作用，带动农民发展电子商务，并且可以从这些示范点不断总结经验和不足之处，以利于当地和其他地方电子商务的更好发展。鼓励农村居民根据当地的特色农产品发展网络销售，降低同质化竞争的可能性。要让农民感受到电子商务的好处，只要让农民觉得这个东西好，他们就会主动参与到农村电子商务的发展中来。

（三）引进并鼓励从事农村电子商务的人才

人，是事物中最活跃的因素。人，可以充分发挥其能动性，创造条件，让许多困难的事情得以完成。任何事物、工作，都需要懂得这些工作的人来进行。农村电子商务也需要懂得信息技术、了解电子商务的人来进行。而在中国广大的农村，懂得信息技术，有电子商务意识的人才并不多，至少在现阶段是这样的。而一个农村电子商务从业者，进行的交易的商品，往往不是一户农民生产的，让周边的农民都享受到农村电子商务在为农产品寻找销路、便捷廉价地获取农业物资方面的功效，另外，一个成功的农村电子商务从业者，往往能够通过其可见的收益，引导更多的人才从事农村电子商务。

为了农村电子商务的发展，一方面需要鼓励当地的人才，鼓励那些有条件的人从事农村电子商务，另一方面，也需要引进人才。针对此，政府可以出台相应的政策来鼓励当地有条件的农民从事农村电子商务，比如税收方面的减免、网络开通方面的优惠和技术上的帮助等，让农民从事电子商务的阻碍因素尽可能地减少。地方政府也可以专门引进人才，以政府的名义开展试点或者技术指导中心。相关新闻机构还可以对成功的农村电子商务案例进行宣传，邀请其从业者向其他农民传授经验。

（四）打破传统电商观念

农村电子商务的飞速发展为农村农民提供了可遇而不可求的新型就业平台，但这也意味着需要新型电商农民跟上农村电子商务飞速发展的步伐，想要短期内从城市大量引进专业电商人才又是不现实的事，所以如何加快农村当地电子商务信息人才的培养显得至关重要。

所谓新型电商农民，就是培养适应新型农业和互联网社会的"新农人"，不仅要求电商农户对网店的各种业务熟练操作，制定一个长远且详细的农村居民电商培训计划，强化公益性、普适性的农村电子商务培训，还要加大资金支持力度，对有潜力、有能力的农民、农户等发放具备一定规模的电子商务专门贷款，通过补贴、贴息等方式协助电子商务农户的培训，致力于提高农民的网店业务营销、网店装修、售后服务等能力，在保证自身信息和财产安全的情况下，完成网上交易。

农村电商不应该被质量安全所牵绊，只有将现代农业科学技术和管理技术相结合才能达到既定目标，要致力于引导农民实施标准化生产，推进农产品标准化认证、农产品标准化经营，打造优质农产品，还要引导农民学习现代农业科学技术和管理技术，按照统一的生产技术从事农业的生产和经营。

此外，农村发展电商，可以充分利用周边高校的教育优势，直接从高校引进专业电子商务销售与应用人才，与具备相关专业的高校签署协议，培养农村电子商务对口人才，制定优惠政策。当前多地凸显的人才瓶颈已经制约了淘宝村的进一步发展，要把人才引进和培育放在发展的战略高度：一是建立体系，将必需的人才纳入其中的培养计划当中，将体系合理的建立起来；二是支持鼓励人才创业，打通障碍；三是注重引进来，积极搭建人才供需交流平台,可以通过专场招聘会、赴外招聘以及网络招聘等形式,为农村和企业引进紧缺急需电商人才。

(五)发展特色农产品

根据目前全国各地农村电子商务发展情况来看,如果发展缺乏特色,很多地方发展到一定水平,各种经济发展要素缺乏、质量不达标、同质化竞争严重等问题就会阻碍其发展。因此,我们在发展过程中,要注意提前规划,合理布局,协调发展,以免发生上述问题再采取措施去解决。同质化竞争的问题可以通过建设农产品品牌的方式来解决。比如武汉的洪山蒜薹,只有在武汉洪山区这一块地方生产的品质才好,建立品牌之后,已经获得了广大消费者的认可,大家都认准了这个牌子才买,价格也就自然上去了。同样的广大电商经营的农村产品也需要建立相应的品牌,让品牌深入消费者心中,这个销路自然就不用担心了,而不需要单单靠电商平台的名气销售产品。因此,要不断增强农民的品牌意识,明白品牌建设的重要性,只有建立了相关的品牌,提高农产品的知名度和影响力,农村电子商务才可能不断发展下去。

其次,发展农村电子商务要因地制宜。农产品具有很强的地域性,农业不像工业可以在这里建设工厂,也可以在那里建设工厂,农业产品种植依赖当地的自然环境。比如像新疆的哈密瓜特别大特别甜,这和新疆当地的气候条件有很大关系,在其他地方种植,可能质量就没新疆那么好。所以要根据各个地方的特色发展相应的电子商务,充分挖掘当地的特色资源并进行开发,或者对当地的农副产品资源进行整合,在网络平台进行销售。事实证明,网上销售得比较好的都是各个地方的特色产品。另外,特色无公害以及绿色没有污染的,再就是有机农产品等也是发展的重点。随着人们水平的不断提高和食品安全事件的不断出现,大家对食物的要求也越来越高,越来越青睐绿色食品。在电子商务平台销售有机食品,可以扩大销路,同时由于这种产品附加值高,能承受较高的物流运输成本,从而可以让农民获得较高收益。通过电子商务平台把优质的特色产品销售进城,也是今后农村电子商务的一个发展方向。

第七章 电子商务助推农村经济发展的有效途径

第一节 电子商务是农村产业转型升级的新引擎

从国家政策导向以及产业界动向来看,"互联网+农业"大潮已起,农业大数据时代已经到来。农村电子商务作为我国的一种新兴业态,已经渗透到农村产业的全产业链,在提高农产品商品化率和推进农村产业结构性调整等方面发挥着越来越巨大的推动作用。

一、农村产业转型升级是农村经济新常态的客观要求

到目前为止,以"三农"为主体的中央一号文件已连续颁布13年,自2013年开始,"农业现代化"已连续四年进入文件标题,2016年中央一号文件在加快农业现代化工作推进的基本思路上,又提出了落实新的发展理念和实现全面小康的奋斗目标。农业现代化已经成为我国现阶段经济发展的"新风口",而农村产业转型升级则是解决"三农"问题的根本出路。2016年是"十三五"开局之年,"十三五"是农村经济发展方式的转型期,也是全面深化农村改革的攻坚期。面对机遇与挑战,农村经济新常态客观要求必须牢牢把握"挖动力"和"调结构"两条主线,"挖动力"要求切实实现传统的"要素驱动"和"投资驱动"向"创新驱动"的有效转化。"调结构"则要求不断深化农业供给侧结构性改革,推进农村一二三产业深度融合,通过"去库存、降成本、补短板"等有效手段解决农村产业产能结构性过剩等问题。农村产业转型升级无疑是一场革命,必须以发展思路、技术支撑、政策保障、资源配置等方面的重大调整为支撑。

二、电子商务已成为助推农村产业转型升级的新动力

我国GDP增速从2007年14.2%的历史最高点到2015年的6.9%,已经整体回落了8年。中国经济已接近追赶式发展的临界点,应对发展方式转变与增长动力转换的挑战已不可避免。与宏观经济增速放缓形成鲜明对比的是,中国电子商务仍然保持着快速增长的态

势。中国电子商务研究中心发布的《2014年度中国电子商务市场数据监测报告》显示，2014年中国电商市场交易规模达13.4万亿元，同比增长31.4%。中国互联网络信息中心发布的第37次《中国互联网络发展状况统计报告》显示，截至2015年12月，中国网民规模达到6.88亿；互联网普及率达到50.3%；农村网民占比28.4%，规模达1.95亿，较2014年递增9.5%，规模增长速度是城镇的2倍。阿里研究院发布的《农村网络消费研究报告（2015）》显示，截至2014年12月，农村网民网络购物用户规模为7714万，年增长率高达40.6%，规模增长速度是城镇的2.4倍。与日趋饱和的城市电商市场相比，农村电商以其广阔的市场空间已成为电商领域的新蓝海。2015年以来，我国农村电子商务迎来了高层持续推动、政策密集出台、电商下乡加速以及县域电商升温的千载难逢的发展机遇。电子商务以其成本低廉、交易连续、资源集约、突破时空限制等优势在整合信息资源、加强市场连接、激发市场活力、带动物流发展、树立地域品牌等方面释放出巨大的潜能。农村电子商务作为助推农村产业转型升级的新引擎，将成为农村民生的新福祉，创业的新载体，消费的新热点，增收的新渠道，转型的新动力。

三、电子商务推进陕西农村产业转型升级的实例分析

1. 陕西农村电子商务的发展现状

总体而言，陕西农村电子商务还处于起步阶段，与兄弟省份仍然存在着较大的差距。陕西农村电子商务的现状表现为整体规模小、成长速度快、发展潜力大三大特征。

（1）整体规模小

阿里研究院发布的《阿里农产品电子商务白皮书（2014）》显示，截至2014年12月，陕西在阿里零售平台上农产品网商数量、农产品消费总量与农产品销售总量分别位于全国的第19位、第18位和第17位。2014年阿里集团研究中心发布的国内首份县域电子商务研究报告显示，陕西县域电子商务发展指数排在全国倒数第六名。阿里研究院发布的《中国淘宝村研究报告（2015）》显示，2015年，在全国已发现的符合条件的广泛分布于17个省市区的780个淘宝村中，陕西榜上无名。2014年全国亿元淘宝县超过300个，遍布25个省市区，中西部的亿元淘宝县超过100个，陕西只有武功县进入榜单。在震惊全球的2015年"双十一"网购大潮中，陕西在淘宝平台上的交易总额仅占全国的2%，而且购销商品仍以外地产品为主，陕西当地产品占比不到20%。

（2）成长速度快

虽然陕西农村电子商务起步晚、规模小，但是近年来以较快的增速展示出强劲的发展势头。陕西省商务厅提供的资料显示，截至2014年10月，陕西境内电商经营户超过15万家；截至2015年8月，陕西已培育省级电子商务示范县15个，其中武功、岐山、户县等农村电子商务已经粗具规模，在陕西乃至整个西部地区发挥着越来越大的示范作用。陕西农村网民的增速远远高于全国平均水平，截至2014年12月，我国网民中农村网民占比27.5%，规模达1.78亿，较2013年底增长188万人，同比增幅0.01%；而陕西网民中农村

网民占比26.4%，规模达461万，较2013年底增长75万人，同比增幅19.4%。《阿里农产品电子商务白皮书（2014）》显示，截至2014年12月，陕西在阿里零售平台上农产品网商数量、农产品消费总量与农产品销售总量分别以89.00%、116.30%、87.36%的同比增速进入全国的前三名。2015年"双十一"当天，陕西网上零售购买额近21亿元，比上年增长50%；网上零售销售额近9.19亿元，同比增长268%。

（3）发展潜力大

2015年以来，党中央、国务院及其各部委密集出台的与扶持农村电子商务发展有关的文件不下十个，比较有代表性的有2015年5月国务院颁布了《关于大力发展电子商务加快培育经济新动力的意见》，7月国务院颁布了《关于积极推进"互联网+"行动的指导意见》，8月商务部等中央19部委颁布了《关于加快发展农村电子商务的指导意见》，9月农业农村部、国家发改委以及商务部出台《推进农业电子商务发展行动计划》，11月国务院办公厅下发《关于促进农村电子商务加快发展的指导意见》，2016年中央一号文连续第四次将发展农村电子商务写进文件。在刚颁布的陕西省"十三五"规划与政府工作报告中，都将促进农村电子商务发展提高到极其重要的地位。2015年商务部、财政部从陕北革命老区选取15个县作为电子商务进农村的示范县，每个县给予1850万元的专项资金帮助老区经济发展。西安市2015年12月出台了《西安市关于加快推进农村电子商务发展的实施意见》，市财政拟每年拿出3000万元用于支持全市农村电子商务的发展，力争"十三五"末在全市范围内打造20个电商示范乡、镇和50个电商示范村。上述政策的出台为陕西农村电子商务的发展提供了强有力的政策补给，借助电商巨头下乡加速的东风，陕西省政府分别于2015年7月、10月、12月与阿里集团、腾讯公司、京东集团签订了战略合作协议，为陕西农村电子商务的发展提供了强有力的平台和技术支持。另外，陕西是资源大省和科技大省，丰富的农村电商资源与雄厚的科研力量为陕西农村电商的发展提供了坚实的资源与科技支撑。

2. 陕西农村电子商务的发展瓶颈

（1）创新理念落后

"网、云、端"与"互联网+"这些已经被多数城里人广泛接受的概念和现象，在陕西农村还基本属于新鲜事的范畴。创新理念落后在已经介入或准备涉足农村电商的经营者和涉农政府官员中普遍存在。理念落后在农村电商经营户中的表现是经营理念落后。不少经营者对农村电商一知半解，有的甚至根本不懂农村电商，抱着一种能玩就玩、玩不成就撤的心态。他们很少意识到农村电子商务是我国经济新常态下难得的新商机，只有树立现代经营理念、积极投入、不断充电才能把握机遇、谋求发展。

理念落后在涉农政府官员中的表现是管理理念落后。有的政府官员仅仅把电子商务作为一种新的营销手段来理解，而很少意识到它在助推产业转型升级、加速城乡一体化进程等方面的巨大作用，从而在扶持农村电商上主观动力不足。有的地方则正好相反，看到自上而下都在抓电商，便贪功冒进，大干快上，不管条件是否具备，盲目上项目、建园区、招商户、引资金，把电子商务的硬件建设规模作为炫耀政绩的资本。

2. 信息平台缺失

农村电子商务的健康运行离不开信息化背景的有力支撑，陕西的信息化进程远远赶不上农村电子商务发展的客观需求。目前而言，无论是官方还是民间，陕西现有的信息平台要么信息缺失，要么更新速度滞缓，已经严重制约了农村电子商务的发展，加速信息平台建设已成为当务之急。

3. "同质"问题

严重陕西农村电商市场的"同质"问题比较严重，突出表现在两个方面：一是基于模仿、从众产生的一哄而上的同类产品扎堆经营的现象，在自相残杀中人为加剧了竞争强度。截至2014年10月，仅淘宝平台上销售洛川苹果的网店就达1200余家。二是在经营模式选择上多有盲目性，多数经营者未能结合自身实际，通过对宏观、中观、微观环境的系统分析，针对特定市场定位选择最适合自身经营特质的经营模式，从而导致经营模式缺乏个性特色。

4. 人才补给不足人才补给不足

一直是制约农村电商发展的主要瓶颈之一。最近阿里研究院与淘宝商学院联合发布的《县域电子商务人才研究微报告》显示，未来两年，县域网商对电商人才的需求量超过200万，其中最缺运营推广、美工设计和数据分析三类专业人才。虽然陕西高校规模位居全国第三，但由于发达地区丰厚待遇的吸引，陕西境内电商人才流失严重，再加上电商人才转行率较高，陕西农村电商一直未能摆脱人才不足的困境。

5. 物流问题突出

受自然条件的限制，物流问题自始至今一直是制约农村电商发展的一大难题。物流瓶颈主要表现在两个方面：一是物流网络不完善。就陕西的实际情况看，目前物流配送网络大多只延伸到县城，部分地区可到达乡（镇）、村，大多数乡镇没有物流公司，缺乏物资集散基地，难以整合物流资源，再加上冷链物流的缺乏，直接影响物流服务水平。二是物流成本高。以礼泉县为例，从礼泉发送5斤农产品到上海物流费用12元，而从上海到礼泉仅需6元，相同重量的产品两个发货地的物流费用相差近1倍。同样，在榆林每公斤农产品的物流费用比省会西安高1~2元。突破不了物流瓶颈很难形成真正意义上的农村电商。

6. 基础设施不力

2014年颁布的《陕西省宽带网络建设规划》显示，2013年陕西省固定宽带接入用户536万户，其中城市宽带用户439万户，农村固定宽带接入用户只占18%；农村宽带接入能力是城市的1/6。《陕西省宽带网络建设规划》的奋斗目标是，到2015年底，行政村接通宽带比例达到90%，城市和农村家庭宽带接入能力普遍达到20兆比特每秒（Mbps）和4Mbps，全省固定宽带家庭普及率达到55%。到目前为止，虽然在关中地区网络村村通已基本形成，但网络信号差、网速慢以及费用高的现实情况还是严重阻碍了农村电商的健康发展。

3. 电子商务推进陕西农村产业转型升级的路径

（1）加速供给侧改革进程，完善农村电商供给机制要充分实现电商推进陕西农村产业转型升级的功能，政府必须在完善基础设施、释放人才活力、加大政策扶持等方面的有效供给上下足功夫。完善基础设施。尽管陕西各级政府近年来做了不少努力，但是仍然未能从根本上改变农村网络基础设施落后的总体面貌。政府应加速网络基础设施的建设进程，促使农村电商尽快摆脱低水平信息流的困扰。

①强化政策扶持。

近几年尤其是2015年以来，中央、国务院及其各部委、陕西各级地方政府密集出台了一大批扶持农村电商发展的相关政策，但就解决陕西农村电商的实际问题来看，仍感力不从心。一是政政府管理策太笼统，针对性差，与现实状况严重脱节；二是缺乏可操作性，难以落地。从陕西农村电商对政策扶持的需求来看，既需要继续铺设政策的高速路，更需要立即解决道路上"通行难"问题。在政策补给上，当前要解决的核心问题是尽快让政策沉下来、接地气，让政策的享受者看得懂、吃得透、用得上。

②加速人才补给

除了少数高端人才可以考虑从外地引进外，陕西农村电商的大量人才缺口还得通过本地化途径来解决。电商人才的培育可以通过四个途径来解决：一是利用陕西境内雄厚的高校资源，通过委托培养等学历教育方式来实现；二是与境内高校或阿里、京东等电商巨头合作，通过定制培训解决急需人才的补给；三是政府出面组织，针对具体需求，开展有计划、分批次的短期技能培训；四是把受训对象送到发达地区，通过顶岗见习完成培训工作，这种方式不仅实用，而且短平快。

③补足物流短板

要让政府拿出资金搞物流平台建设很不现实，但是政府在物流供给上同样可以大有作为。目前政府解决农村电商物流短板切实可行的途径有两条：一是"草船借箭"，充分利用乡镇的批发门市、小超市和村里的小卖部这些农村现有的小商业基础，以"梯次转运"的方式实现"最后一公里"配送；二是提供优惠政策，吸引阿里、京东等电商巨头构建大型仓储基地，完善县、乡（镇）和村级配送网点。

④健全标准体系

农产品的标准与安全问题一直是困扰我国农村电商发展的一大难题，我国农产品的生产标准、质量标准、包装标准、配送标准等严重缺失，交易规则、安全追溯、索赔机制很不完善。陕西各级地方政府应该大胆创新、勇于担当，率先尝试出台地方标准，使陕西农村电商优先品尝到有规可依的甜头。

（2）实施资源整合战略，打造健康产业生态

农村电子商务的产业价值链由农户、生产基地、加工企业、经销商、网络平台、物流企业、支付平台、认证机构、监管机构、消费者等主体构成，产业链中各个彼此依存、相互作用的单独"链接"被捆绑到一个完整的价值系统之中。要实现价值系统的能量升级与产业生态的健康发展，必须在产品维、基础设施维、科技维、网商维、服务维以及公共维等维度上进行深度资源整合。

陕西农村电商的资源整合应该把握好两个方面：一是在统筹兼顾的基础上整合好已有的自身资源，把境内产业链中星罗棋布的一个个各自为政的"点"连成"线"，再把"线"

布成"面",将分散的小产业整合成一个大产业,理顺各产业环节之间的利益分配关系,建立统一的经营管理机制,彻底根除"同质化"背景下的"窝里斗"现象;二是及时搭乘电商下乡的"高铁",让陕西的内力与电商巨头的外力同时发力,加速陕西农村电商产业生态的打造进程。要改变陕西农村电商产业生态的落后面貌,必须在产业链的广度和深度挖掘上同时下功夫。在产业链的广度挖掘上,应该从电商经济体的高度来重新认识农村电商,加大电商在农产品销售、日常消费、信息共享、远程缴费、教育培训、健康咨询、精准扶贫以及智慧农业等领域的应用力度;在产业链的深度挖掘上,应该着力加强第一、第二、第三产业的深度融合,不断延伸产业链条的长度。

（3）切实提升发展理念,创新电商运营模式

农村电商运营模式的选择,应该因地制宜,不存在适合于所有地区的万能运营模式。在农产品特色鲜明、产地集中、交通发达的关中地区,可以借鉴自下而上的"淘宝村""淘宝镇"运行模式,由农民或经营户自行发展,政府不必过多干预;对于类似陕北、陕南的部分山区或欠发达地区,虽然拥有丰富的农产品资源,但交通与网络基础设施极不完善,建议推广自上而下的政府辅助模式,由政府出面引导社会力量搭建平台,或者由政府直接出资搭建平台,也就是所谓的"政府搭台,电商唱戏";对于经济相对发达、基础设施完善、产业集群粗具规模的地区,可以选择集约化经营模式,通过政府有效引导与市场化运作相结合的方式,建设电商孵化基地或者电商产业园区,开展集约化经营。电商产业园区功能强大、配套完善,拥有一批从事平台开发、策划设计、运营推广等相关服务的专业化电商服务团队,能够有效带动周边农村电商的快速发展。

（4）挖掘资源优势,培育驰名品牌

陕西境内拥有丰富的农村电商资源,在农产品领域,拥有佳县红枣、洛川苹果、紫阳富硒茶、镇安板栗、临潼石榴、周至猕猴桃、大荔西瓜等特色产品;在饮食领域,拥有西安羊肉泡馍、秦镇凉皮、岐山臊子面、澄县水盆等特色食品;在民俗文化领域,拥有陕北剪纸、信天游、安塞腰鼓、户县农民画、华县老腔等民族品牌。遗憾的是这些雄厚的资源优势并未转化成农村电商的产业优势,陕西农村电商要想实现质的飞跃,必须在资源的深度挖掘上下功夫,实施品牌战略,培育龙头企业,把陕西农村电商真正打造成西北地区的"航空母舰"。

第二节　电子商务发展趋势下我国农村经济发展策略

近年来,电子商务正迅速发展,并迅速渗透到农村,为推进我国"三农"问题的解决及农业与农村现代化发挥了积极作用。随着农村市场化进程发展,市场信息已成为农民从事生产、经营更直接、更明确、更加有力地抓住机遇并从容决策的有效手段。在一些农业经济发展较好的地区,农村生产者的角色正在发生着转变,他们已经能够利用各种信息技

术对国内、国际市场的信息进行有效的采集、整理、分析、发布；在另外一些农业经济欠发达的地区，由于信息闭塞造成的渠道不畅，交易困难、生产决策对市场反应不灵敏等问题一直制约农村经济的发展。电子商务在时空、速度、成本、个性化、信息和便捷方面具有优势，在经济欠发达农村地区推广电子商务，可以缩小区地区间差异，为我国"三农"问题的解决提供了一条有效路径。

一、我国农村经济发展现状分析

目前我国的农村经济发展状况不容乐观，主要表现在：第一，农村产业结构不合理，尤其第二、三产业发展不足，城乡差别大。第二，农民增收的形势不容乐观，农村财政增长慢。其主要原因在于农业经济结构调整进程慢，农民缺乏有效的增收渠道。第三，传统的生产模式难以形成规模经济，生产成本较高。农户农业生产属于以一家一户的分散模式为主，不能形成一定的规模，销售也以自产自销为主，形不成规模效益，对优质、特色农产品扶持开发不够，难以市场化运作。第四，农民既是决策者，又是生产者和管理者，还是销售者。农户普遍文化程度不高，获取信息能力弱，农民既要掌握先进的生产管理技术，又要面对千变万化的市场信息，往往无法兼顾。第五，农业生产出现"女性化"和"老龄化"现象。至2015年，外出农民工达万人，这些农民工多为青壮年，妇女、老人在家务农，自给自足，收入低。甚至投入大于产出，有闲置地不种让于他人，反倒贴补费。这些问题严重影响和制约我国农村经济的发展。

二、电子商务在农村经济发展中的作用

作为现代信息技术的电子商务与现代物流业的结合，改变了原来传统的商业模式，打破了市场交易壁垒，让广大农业发展落后地区的农户以较低的成本，参与到全社会的协同价值网络中来。目前，农村电子商务业态已经借助大众公共交易平台在农村市场得到快速发展，例如：京东、淘宝网、天猫、微信等免费电商平台。各大互联网电商平台也早已发现农村消费市场的潜力，将产业链延伸到农村，天猫、京东、腾讯位于第一梯队；苏宁易购、亚马孙、唯品会、1号店、当当、国美在线位于第二梯队。不少涉农企业和农资企业，也是采用电商方式进行经营，通过电商平台，加强了农户与涉农企业的联系、农户与市场的直接联系，降低了交易成本，减少了中间环节，成为农民和涉农企业增收的新型方式，影响了人们的生活和生产经营方式，为实现新型城镇化提供了新的路径和突破口。据阿里研究院的调查数据，2012年至2015年，农村居民的网络消费额占比不断提高，从2012年第二季度的7.11%提高到2014年第一季度的9.11%；阿里研究院2014年《农村电子商务消费报告》也显示，2014年农村网购额超过1800亿，2014年农村居民网购率达84.41%，人均年消费在500～2000元，主要集中在服装、食品、日用品和家电等行业。预测到2016年农村网购额将突破4600亿，这样的规模和比例还将持续3～5年，农村市场的购买力将进一步释放，农村与城市居民的网购差距将逐步缩小，农村电商市场需求潜

力巨大。农村电子商务不仅在日用消费品、服装、电器等方面产生重要影响，也在农产品销售领域产生重要作用。电子商务在时空、速度、成本、个性化、信息和便捷方面具有优势，可以降低产品交易费用，比如降低价格搜寻、发现交易对象、谈判、市场监管费用，从而提高经济效益，促进农村经济发展。如图7-1所示：电子商务以最先进的互联网信息技术为基础，对农村经济长远发展具有重大引领和带动作用。电子商务已经成为促进农村增长的动力，也是农村经济发展的新增长点和引擎。主要表现在：

1. 有利于促进农业市场体系发展

在农业电子商务不仅为普通的种植、养殖企业提供实时有效的市场信息，还吸引了众多农村商贩、中介组织、行业协会以及科研企业等的参与，从而提高了农业生产资源的优化配置。

2. 加快转变农业生产模式

电子商务的应用大大丰富了农产品的信息、销售渠道，同时对农产品的品质、物流速度等的要求越来越高，从而推进农业现代化、规模化、有机化发展，电子商务这个大市场已经成为调整农业生产方式、产业结构的重要推力。

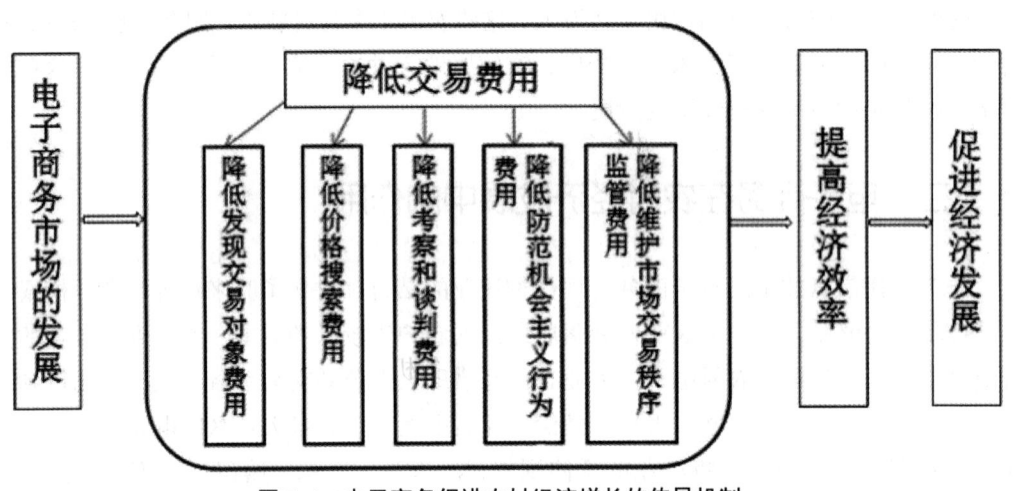

图 7-1 电子商务促进农村经济增长的传导机制

3. 降低交易成本

电子商务不仅可以解决农产品的信息不对称、销售方式单一等问题，农民可以通过电子商务平台获得最新需求信息，了解供求情况，及时做出应对策略；电子商务还能降低谈判、运输等各个环节的交易风险。

4. 拓展农产品的流通渠道和销售渠道

农民可以通过电子商务平台选择零售商和合作伙伴，也可以直接和消费者进行交流，采用B2B、B2O、O2O多种营销模式拓展市场。

5. 有利于促进农业人口就业

农村电子商务平台的建设和应用，为农村提供了更多就业岗位，吸引外出打工人员返乡创业，也吸引一些高素质的大学生去农村就业。同时，农村电子商务的发展和应用，大大改变了人们的观念，丰富了他们的生活，使得农村劳动者足不出户也可以实现就业并获得丰厚的收入，这种就业较外出打工显得更加灵活自由。

三、电子商务推动我国农村经济发展的策略

随着互联网、物联网和电子商务的快速发展，我国农村电子商务市场发展潜力巨大，并逐渐辐射到物流、商贸、金融等领域。农村应当以电子商务为抓手，进一步推动当地经济发展和农民生活水平的提高。

1. 确立电子商务战略地位

认识决定行动，要推动农村电子商务的发展，首先要求地方政府和基层组织都能充分认识到发展农村电子商务的重要意义，从战略高度上重视和推进农村电子商务的落地生根，例如推广和学习以"淘宝村"为代表的农村新型电子商务典型案例，发挥成功者的示范作用，激发农民致富的热情，鼓励有互联网经验的农民工和农村大学生返乡创业，进一步推动农村信息化建设，把农村电子商务作为农村经济发展的战略支撑。

2. 提高农村电商发展的基础条件

目前农村电子商务平台建设发展缓慢、结构单一，基础建设也是制约的重要因素。地方政府和基层组织要通过宣传发动等形式，拉动和吸引金融机构深入农村创业，提高农村金融服务网点的覆盖率；还要加强农村互联网的全面覆盖；改善农村交通建设，增加和设立物流收货点，提高物流的派发和送货效率。

3. 建立农村电商共同体，发挥电商中介组织的作用

政府应该根据各地电商发展情况，鼓励中小商贩、农业科研院所、涉农企业、农资服务企业、行业协会及其他经济合作组织等中介机构加入农村电商联盟，为农民提供更加及时灵敏信息服务、物资供应等；专业化的科研服务机构还可以对农民提供种植指导和规范化、标准化种植提供技术保障，对农产品质量检验、标准化生产、来源追溯、技术培训等各方面提供帮助，逐步形成农村电商共同体。电商共同体组织内的成员在信息、物流、技术等方面互补缺陷，共同发展抵御市场风险。

4. 积极培养农村电子商务人才

电子商务平台建设、市场运营都需要专业人才，引进电商人才和企业进入农村是发展农村经济的关键要素。一方面，国家可以调整大学生就业政策，引导电子商务专业学生进入农村地区创业，或者加入当地电商企业，促进电商平台建设和技术发展；同时也要鼓励大学生村官学习和掌握电子商务技能，主动与电商企业牵线搭桥，带领农民应用电子商务脱贫致富。另一方面，要利用当地人才，对农村青年进行电商知识和技能培训，鼓励他们在家乡创业。

5. 整合资源，发展农村城市电商一体化

要发挥本地区资源优势特色，结合周边地区和城市的资源，优势互补，发挥联动效应，

形成规模经济，促进农村电子商务的集约式发展及新农村城镇化建设。具体做法为：以农村作为战略支点，开发特色农产品，发挥周边城市在人才、技术、信息以及市场等方面的优势，建立帮扶和合作机制，形成"农村+城市"的大电商格局，形成电商一体化，逐渐向全国辐射，形成专业农产品电商平台和电商品牌。

6. 善于发现和发展特色产品，塑造农业电商品牌

农村电商企业和组织应该树立品牌意识。首先要从源头上抓好农产品的品质，要大力推行有机农产品和无公害绿色农产品，实现生产过程标准化，流程可以监控、可追溯，迎合现代消费者的对食品健康和安全的需求。其次要大力发挥"农户+企业""农户联合体""农村电商联盟"的作用，将分散的农户联合起来，形成规模优势和议价能力，同时避免恶性价格竞争。最后，要发挥广告等多种宣传渠道的作用，将品牌效应加以推广。

参考文献

[1] 毕乐强. 区域经济外部效应及对策研究 [D]. 东北财经大学，2011.

[2] 韩生贵. 少数民族地区经济与环境协调发展研究 [D]. 华中师范大学，2015.

[3] 何静文，戴卫东. 市场营销学 [M]. 北京：北京大学出版社，2014.

[4] 何永祺，张传忠，蔡新春. 市场营销学 [M].4 版. 大连：东北财经大学出版社，2011.

[5] 黄翀胤. 少数民族地区县域经济发展战略研究 [D]. 延边大学，2010.

[6] 黄金火，吴怀涛. 市场营销学 [M]. 武汉：华中科技大学出版社，2011.

[7] 黎花. 民族地区经济与少数民族经济的协调发展研究 [D]. 内蒙古师范大学，2007.

[8] 黎开莉，徐大佑. 市场营销学 [M].2 版. 大连：东北财经大学出版社，2013.

[9] 李虹燕. 河北省少数民族地区经济发展研究 [D]. 天津大学，2010.

[10] 李志敏. 市场营销 [M]. 长沙：湖南师范大学出版社，2012.

[11] 厉嘉玲，马国龙. 供应链管理 [M]. 北京：中国人民大学出版社，2011.

[12] 梁文玲. 市场营销学 [M]. 北京：中国人民大学出版社，2014.

[13] 林华瑾. 市场营销实务 [M]. 北京：中国经济出版社，2014.

[14] 刘萍. 电子商务物流 [M]. 北京：电子工业出版社，2010.

[15] 刘银. 中国区域经济协调发展制度研究 [D]. 吉林大学，2014.

[16] 吕一林，陶晓波. 市场营销学（第五版）[M]. 北京：中国人民大学出版社，2014.

[17] 马浩. 山东区域经济非均衡协调发展研究 [D]. 北京交通大学，2013.

[18] 孟韬. 营销策划方法、技巧与方案 [M].2 版. 北京：机械工业出版社，2013.

[19] 秦陇一. 市场营销学 [M]. 北京：清华大学出版社，2014.

[20] 沈建红，韩春玲. 市场营销学 [M]. 北京：中国电力出版社，2013.

[21] 史雅多. "互联网+"环境下杨凌农村电子商务发展研究 [D]. 西北农林科技大学，2016.

[22] 宋达佑. 我国农村电子商务运营模式优化研究 [D]. 华中师范大学，2016.

[23] 王力年. 区域经济系统协同发展理论研究 [D]. 东北师范大学，2012.

[24] 徐代春子. 农村电子商务发展路径研究 [D]. 浙江海洋大学，2016.

[25] 杨剑英，张亮明. 市场营销学 [M].2 版. 南京：南京大学出版社，2013.

[26] 杨平. 农村电子商务发展的政府支持研究 [D]. 湘潭大学，2016.

[27] 杨树根，汤发俊. 电子商务概论 [M]. 成都：西南交通大学出版社，2010.

[28] 姚丞. 河北省少数民族地区经济发展研究 [D]. 中央民族大学，2012.

[29] 俞建群. 论中国特色区域经济新发展 [D]. 福建师范大学，2012.

[30] 袁成升，成颖. 市场营销学理论、案例与实训 [M]. 北京：北京大学出版社，2012.

[31] 岳锐. 清远市发展农村电子商务的路径分析 [D]. 湖北工业大学，2016.

[32] 翟东堂. 中国少数民族经济权利法律保障研究 [D]. 中央民族大学，2007.

[33] 张雄. 西部大开发与西部少数民族经济社会和谐可持续发展论纲 [D]. 西南财经大学，2007.

[34] 周婕. 电子商务实训教程（第 1 版）[M]. 北京：清华大学出版社，2011.

[35] 周裕森. 农村电子商务发展现状与对策研究 [D]. 湖北工业大学，2016.

后记

本书对市场营销以及区域经济进行了论述，并主要对市场营销中的电子商务以及电子商务对农村经济的影响进行了分析，通过对这些营销与经济发展的分析，我们可以了解电子商务发展趋势下我国农村经济发展的基本方向，为经济发展战略的制定提供保障，促进农村经济的协调发展。

本书为作者2017年承担的河北省社会科学基金项目，项目编号：HB17YJ076。